ELOGIOS

"El Dr. Camilo Cruz es uno de los escritores y conferencistas más destacados en el área del desarrollo personal. Su visión y sabiduría lo han destinado a marcar una enorme diferencia a nivel mundial. Los conocimientos que él comparte a través de sus libros y presentaciones producirán resultados inmediatos en la vida de todos los emprendedores que decidan ponerlos en práctica".

MARK VÍCTOR HANSEN,
Coautor de la serie *Sopa de pollo para el alma*

"Yo encuentro los libros del Dr. Cruz en todas partes. Lo he invitado a mis programas para que nos diga cómo triunfar porque creo que todo el que logre su Sueño Americano puede triunfar en cualquier parte".

DON FRANCISCO,
Univision

"El trabajo del Dr. Cruz es un ejemplo de inspiración y una muestra de esa actitud de nunca darse por vencido. Su habilidad para motivar a otros hacia el logro de sus sueños tendrá un impacto extraordinario en la educación, el liderazgo y el éxito de nuestra comunidad latina".

EDWARD JAMES OLMOS,
Actor y coproductor de *Latino Book & Family Festival*

"El Dr. Cruz tiene la habilidad para conjugar en sus obras los últimos descubrimientos en el área del éxito personal y empresarial con estrategias claras y fáciles de entender de tal modo que el lector las ponga en práctica de inmediato y empiece a mejorar cualquier área de su vida".

BRIAN TRACY,
Reconocido autor y consultor empresarial

"Los libros y presentaciones del Dr. Cruz han cambiado la vida de muchas personas proveyéndoles estrategias claras y sencillas que les permitan mejorar su calidad de vida".

DIARIO *LA OPINIÓN*
(Los Ángeles)

"Señores, vamos a jugar un mundial: ¡Maten sus vacas!" Estas fueron las palabras del director técnico de la selección ecuatoriana de fútbol a su plantel de 23 jugadores cuando les regaló a cada uno el libro *La Vaca* para que lo leyeran antes de salir rumbo al campeonato.

LUIS FERNANDO SUÁREZ,
Director Técnico, selección de fútbol del Ecuador

"Como ejecutivo de una corporación internacional, lograr equilibrio en la vida no es siempre fácil. Leí *La Vaca (Once Upon a Cow)* en medio de circunstancias personales que me hacían ver que tenía que comprometerme con un estilo de vida más saludable. La perspicacia del Dr. Cruz me ayudó a deshacerme de las excusas que me estaban deteniendo de lograrlo. Hoy en día disfruto viviendo mucho más saludablemente, paso más tiempo con mi familia y continúo teniendo éxito en mi profesión".

HANNES HUNSCHOFSKY,
Presidente de Hoerbiger Corporation of America

Dr. Camilo Cruz

La Vaca

Una historia sobre cómo deshacernos del conformismo
y las excusas que nos impiden triunfar

TALLER DEL ÉXITO

DEDICATORIA

A mi familia; su apoyo incondicional me ha ayudado a deshacerme de muchas de mis vacas. Con amor y paciencia ellos me perdonan las que aún tengo y me alientan a continuar en la difícil tarea de liberarme de todas mis limitaciones.

A todo el equipo de colaboradores del Taller del Éxito que contribuyó en el éxito que ha tenido esta obra. Más de dos millones de personas en los cinco continentes les agradecen su dedicación y compromiso con la hermosa misión de construir mejores seres humanos.

A los millones de lectores alrededor del mundo, quienes, con sus historias personales de cambio, han confirmado el gran futuro que les espera a todos aquellos que decidan deshacerse de sus vacas. Este libro es un brindis por su sabia decisión de alcanzar la vida libre de excusas que los lleve a disfrutar a plenitud de todos sus éxitos.

ꟼa ꟼaca

Publicado por:
Taller del Éxito, Inc.
1669 N.W. 144 Terrace, Suite 210
Sunrise, Florida 33323, U.S.A.
www.tallerdelexito.com

Editorial dedicada a la difusión de libros y audiolibros de desarrollo personal, crecimiento personal, liderazgo y motivación.

Diseño de carátula y diagramación: Diego Cruz y Carla Bórquez Carrillo

ISBN: 978-1-60738-439-7

Printed in the United States of America
Impreso en Estados Unidos

17 18 19 20 21 R|UH 59 58 57 56 55

CONTENIDO

Prólogo   11
Introducción   15

PARTE 1

LA TRÁGICA Y FELIZ HISTORIA DE LA VACA

01. Érase una vez una vaca…   23
02. No todas las vacas mugen como vacas   33
03. Toda vaca es primero una mansa ternera   49
04. Vacas de diferentes colores   75
05. Mamá, ¿de dónde vienen las vacas?   99
06. Cuando nuestras vacas son obsequios   113
de otras personas

PARTE 2

CÓMO DESHACERNOS DE NUESTRAS VACAS

07. La única manera de matar tus vacas   129
08. Cinco pasos para deshacerte   147
de tus vacas

PARTE 3

UNA VIDA LIBRE DE VACAS

09. Las vacas en la salud   173
10. Las vacas en la familia   187
11. Las vacas en las finanzas   207
12. Las vacas en el trabajo y la profesión   225
13. Las vacas en los negocios   241
14. Las vacas de nuestros hijos   257

Epílogo   277
Bibliografía   283
Sobre el autor   285

PRÓLOGO

Durante casi tres décadas he estudiado, escrito y hablado sobre el éxito. Siempre me interesó saber qué es y qué necesitamos para obtenerlo, a qué se debe que algunas personas lo alcancen con relativa facilidad mientras que otras no consiguen ni acercarse a él a pesar de trabajar arduamente.

Los años me han enseñado que los triunfadores comparten algo en común: ellos evitan dar excusas y no pierden su tiempo justificando ante los demás por qué razones las cosas no están como ellos quisieran. Tampoco se quejan de sus circunstancias, ni fabrican disculpas para explicar cómo es que no han alcanzado sus metas.

La persona exitosa actúa, planea sus metas y trabaja diligentemente hasta realizarlas; no siempre triunfa al primer intento, pero nunca se da por vencida. Si tropieza, vuelve a ponerse de pie y prosigue con renovado entusiasmo su camino en pos de sus objetivos hasta lograrlos, sin importar los fracasos que enfrente a lo largo del camino.

Y es que el fracaso es inherente al éxito, no su enemigo, como muchos piensan. Es más, las caídas suelen traer consigo grandes enseñanzas. Como afirma el Dr. Cruz, el verdadero enemigo del éxito es la mediocridad. Aspiramos a la grandeza, pero nos contentamos con segundos lugares; queremos vivir al máximo, pero terminamos conformándonos con sobrevivir. Encontramos una zona de comodidad, nos acostumbramos a ella y permitimos que las oportunidades para disfrutar de todo lo hermoso que nos ofrece la vida pasen de largo.

Una de las lecciones más importantes que he aprendido es que, para lograr resultados espectaculares, primero tenemos que deshacernos de todas las excusas que nos impidan utilizar nuestro verdadero potencial.

En mis lecturas he podido darme cuenta de cómo, en los últimos años, hemos entrado en la era de las metáforas. Muchos de los mejores libros de crecimiento personal y profesional de estos tiempos han sido escritos a manera de sencillas historias que ilustran la importancia de ciertas actitudes que debemos adoptar si queremos triunfar. Este extraordinario libro de mi amigo Camilo Cruz es, sin lugar a dudas, una de las mejores metáforas que he leído sobre cómo deshacernos de la mediocridad y el conformismo.

La vaca nos muestra de manera clara y categórica lo que sucede cuando permitimos que nuestra vida se rija por excusas. La figura de la vaca simboliza toda excusa, hábito, pretexto o justificación que nos impide vivir a plenitud. Esta maravillosa historia cautivará el corazón de sus lectores y los retará a eliminar sus pretextos, o como diría Camilo: "...A matar sus vacas".

La verdad es que todos cargamos con más vacas de las que estamos dispuestos a admitir; justificaciones con las que buscamos convencernos a nosotros mismos y a los demás de que las circunstancias no están tan mal como parecen. Contamos con un arsenal de excusas y pretextos que utilizamos cada vez que los necesitamos para explicar por qué no estamos haciendo lo que deberíamos. Este libro no solo nos muestra lo que les espera a quienes finalmente decidan deshacerse de tantas ideas limitantes, sino que nos presenta paso a paso estrategias para construir una vida en la que todas nuestras metas son posibles.

Camilo está destinado a marcar una enorme diferencia en el mundo a través de sus obras. La sabiduría, profundidad y perspicacia de sus enseñanzas les permite a los lectores poner en práctica todas sus habilidades y comenzar a cambiar su vida.

Espero que esta historia te ayude a tomar la decisión de erradicar tu conformismo; que aceptes el reto de matar todas las vacas que has venido cargando sobre tus hombros y vivas libre de mediocridad. Si es así, estoy seguro que muy pronto comenzarás a disfrutar de todo aquello que ha sido reservado para todos los que se atrevan a soñar en grande.

MARK VICTOR HANSEN,

Coautor de la serie *Sopa de pollo para el alma*

INTRODUCCIÓN

"Creo que mi mayor vaca consistía en que mi vida se había convertido en una búsqueda constante de culpables por mis fracasos. Me volví un especialista para identificar a los responsables de todo lo malo que me ocurriera. Sin embargo, después de leer La Vaca entendí que yo soy el único responsable de lo bueno y lo malo que me suceda. Estoy seguro de que nuestro continente sería otro sin tanta vaca que nos ayuda a justificar nuestra pobreza y, por ende, nos mantiene atados a la miseria".

—**Alejandro Darío, La Paz, Bolivia**

A ntes de que te sumerjas en esta enriquecedora metáfora me gustaría que conocieras un poco de cómo y dónde se originó —o por lo menos, mi versión de ella— y cómo llegó a convertirse en el libro que ahora tienes en tus manos. Como suele suceder con muchos acontecimientos, su origen fue el resultado de una serie de felices coincidencias entre las que sobresalen dos muy significativas.

La primera ocurrió durante una conferencia que dicté en Buenos Aires. Me disponía a hablar de los obstáculos y limitaciones que nos impiden lograr nuestras metas. Sin embargo, en lugar de referirme a cada uno de ellos por separado, como suelo hacerlo, decidí que en esa ocasión les pediría a las más de ocho mil personas que asistían al evento que respondieran a una pregunta. A la cuenta de tres todos debían gritar la primera respuesta que se les viniera a la mente. El objetivo era utilizar esta especie de "opinómetro" para tratar de determinar de manera inmediata la respuesta más común.

Mi pregunta fue: "¿Qué es lo opuesto al éxito?"

"¡El fracaso!", respondió casi al unísono gran parte de los ocho mil asistentes.

Al escuchar esta respuesta pensé en que años atrás posiblemente yo hubiese respondido de la misma manera. Por algún motivo, muchos de nosotros hemos aprendido a ver el fracaso como un enemigo al que hay que evitar a toda costa. Desde muy temprana edad entendemos que caer es motivo de vergüenza, que fracaso es sinónimo de fracasado y que, si existe la posibilidad de fracasar frente a algún propósito, lo mejor es no intentarlo.

No es de extrañarse, entonces, que concibamos el fracaso como un mal, una plaga, un castigo, un desprestigio del que hay que huir a toda costa. No obstante, después de leer las historias de vida de cientos de emprendedores exitosos —de observar que fracasaron en sus primeros intentos, pero aun así no se rindieron—, y de tener la oportunidad de interactuar con muchos de ellos, mi conclusión es que los verdaderos triunfadores interpretan el fracaso de manera diferente. Lejos de ser temibles enemigos que hay que evitar sea como sea, sus intentos fallidos, por aparatosos que fueron, terminaron por enseñarles una lección, un camino diferente, una manera distinta de hacer las cosas. Ahora bien, si es posible aprender del fracaso, entonces resulta imposible considerarlo un enemigo.

La segunda feliz coincidencia que me llevó a escribir esta historia había ocurrido hacía solo 24 horas, durante el vuelo en el cual arribé a Buenos Aires. Como seguramente les pasará a otros escritores, con frecuencia encuentro personas dispuestas a compartir conmigo anécdotas e historias que les dejaron alguna enseñanza —experiencias que para mí siempre son un caudal extraordinario de nuevas ideas—. Y en aquel vuelo, mientras sobrevolaba algún lugar de Suramérica, escuché por primera vez la trágica —y feliz— historia de la vaca.

En el vuelo de regreso a casa pensé largo rato, tanto en el resultado del opinómetro como en la historia de aquella vaca que aún daba vueltas en mi cabeza. Cuando me bajé del avión tenía en mente varias ideas bien claras. La primera, que el enemigo del éxito no es el fracaso, como muchas veces pensamos; sus verdaderos enemigos son el conformismo y la mediocridad. La segunda, que las caídas y los fracasos son parte del camino que nos lleva a la realización de nuestras metas y que su propósito es darnos la oportunidad de aprender importantes lecciones, permitirnos reconocer hábitos que debemos cambiar y conductas que necesitamos corregir. La tercera, que seguramente, todos recordamos fracasos y caídas que hemos sufrido en algún momento, después de los cuales salimos más fortalecidos, más sabios y mejor preparados para enfrentar nuevos retos.

Por su parte, el conformismo y la mediocridad no nos dejan ninguna lección. No hay nada que aprender de ellos. Tan es así que, cuando nos contentamos con llevar una vida mediocre, nuestro proceso de aprendizaje suele detenerse. Por esta razón, son ellos los verdaderos enemigos del éxito y es a ellos a los que debemos huirles, no a las caídas. Sin embargo, hemos aprendido a temerle tanto al fracaso que, en nuestro afán por evitarlo, terminamos por contentarnos con segundos lugares; por aceptar la mediocridad como alternativa. Y si existe la menor posibilidad de enfrentar una caída, estamos dispuestos hasta a renunciar a nuestras metas.

Entonces, en lugar de desperdiciar el tiempo tratando de impedir cualquier derrota, lo que debemos hacer es eliminar todas las excusas, pretextos, justificaciones y falsas creencias —o como yo las llamo, vacas— que nos mantienen atados a una vida de mediocridad.

Mi intención al compartir contigo esta metáfora es que observes los efectos tan devastadores que el conformismo ejerce sobre tu vida y que logres apreciar los grandes cambios que comienzan a ocurrir cuando finalmente decides deshacerte de tus excusas.

¿Tienes sueños, metas u objetivos que deseas alcanzar? Permite que sean ellos los que te motiven a actuar y no tus temores. No admitas que tus excusas y justificaciones —vacas— te convenzan de renunciar a tus sueños y darte por vencido. Ese es el gran reto que nos plantea esta inspiradora metáfora.

Cuando salió la primera edición de *La Vaca*, en menos de un año más de doscientas cincuenta mil personas de 106 países ya la habían leído. Casi diez mil lectores se animaron a compartir conmigo aquellas vacas de las que decidieron deshacerse.

Hoy, diez años después, cuando millones de nuevos lectores han disfrutado de esta historia, en los más de quince idiomas a los que el libro ha sido traducido, he querido hacer algo especial: incluir en esta edición seis capítulos nuevos en los que encontrarás decenas de nuevas vacas que me han enviado los nuevos lectores del libro. Descubrirás las excusas y justificaciones más comunes para no triunfar en algunas de las áreas más importantes de la vida: la familia, la salud, las finanzas, el trabajo, los hijos y los negocios. Cada una de estas vacas va acompañada de una estrategia específica para deshacerte de ella de una vez por todas.

Pero bueno, quiero que seas tú mismo quien te nutras de todas las enseñanzas que logres absorber de esta historia. Y aunque, es probable que a estas alturas aún te sea imposible entender plenamente el significado de la siguiente afirmación, de todas formas te diré que, si al terminar esta lectura descubres que no aprendiste nada, pues... ¡Esa es tu vaca!

PARTE 1

LA TRÁGICA Y FELIZ HISTORIA DE LA VACA

01.
ÉRASE UNA VEZ UNA VACA...

"Este libro transformó por completo mi manera de ver la vida. Después de evaluar lo que he logrado hasta ahora, hoy reconozco que pude haber hecho más si no hubiese tenido la vaca de sentirme conforme con lo poco que he conseguido. A pesar de mi gran potencial, he desperdiciado una gran parte de mi vida en excusas como 'mis padres no me apoyaron lo suficiente y por eso yo batallé tanto para terminar mi carrera', 'los problemas económicos de mi familia nunca me han permitido lograr mis metas' y otras por el estilo. Luego, cuando vivía en el extranjero, me escondía tras otras vacas pregonando que '¿cómo iba a sobresalir aquí si este no era mi país?'. 'Acá no quieren a los extranjeros', solía decir. La lección más importante que he aprendido con esta lectura es que no hay obstáculo más grande en mi vida que 'yo misma' y que siempre lograré ser todo lo que yo quiera ser".

—**Liliana Inurrigarro Ramos, Guadalajara, México**

Cuentan quienes fueron testigos de esta historia, que en cierta ocasión un sabio maestro deseaba enseñarle a uno de sus estudiantes la clave para disfrutar de una vida próspera y feliz. Conocedor de los muchos retos y dificultades que enfrentan los seres humanos en su búsqueda por la felicidad, el anciano pensó que la primera lección que su discípulo necesitaba aprender era descubrir por qué muchas personas viven encadenadas a una vida de conformismo y mediocridad. ¿A qué se debe que lleven existencias apenas tolerables y sean incapaces de sobreponerse a los obstáculos que les impiden alcanzar el éxito?

Para que el joven apreciara el valor de esta lección, el maestro le contó la historia de una familia muy pobre que vivía en un rancho situado en la parte más alejada de un pequeño caserío. La casucha parecía estar a punto de derrumbarse: sus paredes se sostenían en pie de milagro y amenazaban con venirse abajo en cualquier momento; el improvisado techo dejaba filtrar el agua por todas partes; la basura y los desperdicios se acumulaban en cada rincón dándole a la casa un aspecto decadente y repulsivo.

Pero, si el estado del pequeño rancho daba pena, el aspecto de sus moradores confirmaba la profunda miseria que reinaba en el lugar. Sus ropas viejas y sucias, su caminar desanimado, su mirada triste y desesperanzada eran señal inequívoca de que la pobreza no solo se había apoderado de sus cuerpos, sino de que también había encontrado albergue en su interior.

Sin embargo, pese al estado de miseria y desolación en que se encontraban, podían decir que contaban con una posesión —de gran valor, según sus circunstancias—: eran dueños de una vaca.

El animal no era gran cosa, pero la vida de ellos giraba en torno a su vaca. El día se les iba en darle de beber, sacarla a caminar buscando algo de pasto para alimentarla, ordeñarla, asegurarse de que el resto del tiempo estuviera debidamente atada y cuidarla para que nadie se la robara. No era para menos, la escasa leche que producía era el único alimento de algún valor nutricional con el que ellos contaban.

No obstante, la vaca parecía servir a un propósito mucho mayor que el de suministrarles algo de alimentación: les daba la sensación de no estar en la miseria total. Sabían que eran pobres, pero estaban seguros de no ser los más pobres; tenían poco y nada, pero tenían su vaca y eso era suficiente para sentirse conformes. Por absurdo que pareciera, hallaban consuelo en saber que, con seguridad, otros se encontraban en peores circunstancias y ya quisieran tener una vaca como la suya. Así que no era de extrañar que, cuando se quejaban de su desventura, no faltara quien les recordara lo afortunados que eran por contar con su vaca.

Gran trampa en la que los había hecho caer el conformismo: había conseguido que, aun en medio de la miseria, aquella familia se sintiera afortunada.

La historia cuenta que un día sucedió lo inimaginable:

¡Alguien les mató la vaca!

Lo primero que se cruza por la mente de cualquiera al escuchar esto es que, si con vaca eran pobres, ¿qué iba a sucederles ahora que no la tenían? Con seguridad que acababan de ser condenados a la miseria total. Lo más probable era que terminaran corriendo con la misma suerte del animal.

¿Qué más podía esperarse?

Es aquí donde nuestra historia da un giro inesperado y que solo se explica por el hecho de que, cuando enfrentamos una realidad tan crítica, cuando hemos tocado fondo, no tenemos sino dos opciones: o nos sentamos a condolernos de nuestras desgracias y a esperar lo peor, ¡o rebotamos!

Y eso fue precisamente lo que esta familia hizo. Al no contar con su vaca comenzaron a ver cómo salir de su precaria situación así que decidieron limpiar el patio trasero asegurándose de sacar de allí toda la basura y los desperdicios que se habían acumulado a lo largo de los años; luego, consiguieron algunas semillas y, en el espacio despejado, sembraron hortalizas y legumbres para alimentarse.

Pasado algún tiempo, la improvisada granja les producía mucho más de lo que ellos necesitaban para su sustento, así que decidieron vender parte de esos vegetales en el vecindario y con ese dinero compraron más semillas. Poco a poco, la huerta llegó a producir lo indispensable, no solo para ellos, sino para venderles a sus vecinos y para ofrecer el resto de la cosecha en el mercado del pueblo.

Por primera vez en su vida tuvieron lo suficiente para suplir sus necesidades básicas y con el paso del tiempo derrumbaron el rancho en que vivían y construyeron una mejor casa. Así, poco a poco, fueron saliendo de la miseria en que vivían y encontraron el camino a una vida mejor.

—Ahora, la pregunta realmente importante —le preguntó el anciano a su joven pupilo— es si tú crees que esta familia hubiese logrado todo eso de haber seguido contando con su vaca.

—Seguramente no— respondió el muchacho sin ningún titubeo.

—¿Comprendes ahora? La vaca que ellos consideraban como su posesión más valiosa había sido en realidad una cadena que los mantenía atados a una vida de conformismo y mediocridad.

—Y cuando ya no pudieron continuar apoyándose en la falsa seguridad que les daba el sentirse poseedores de algo, así solo fuera una pobre vaca, tomaron la decisión de esforzarse por buscar algo más, por ver más allá de sus circunstancias presentes.

—¡Exactamente! —asintió el maestro reconociendo que su joven estudiante comenzaba a entender la lección—.

—Qué gran enseñanza— murmuró el joven e inmediatamente comenzó a reflexionar sobre sus propias vacas. Se propuso identificar todas las excusas que hasta entonces lo habían mantenido atado a la mediocridad. Determinó que en adelante no le daría cabida en su mente a nada que le impidiera utilizar su verdadero potencial.

Aquel día marcó un nuevo comienzo en la vida del joven: ¡Una vida libre de vacas!

Cuando escuché esta historia por primera vez, pensé que a muchos de nosotros nos sucede lo mismo que a esta pobre familia. Cuando insistimos en autoconvencernos de que lo poco que tenemos es más que suficiente, el conformismo se apodera de nuestra vida y se convierte en una cadena que nos impide ir tras metas mayores. No somos felices con lo que poseemos, pero tampoco nos sentimos tan miserables como para salir de nuestra zona de confort. Estamos frustrados con la vida que llevamos, pero no lo suficiente como para cambiar. ¿Ves lo trágico de esta situación?

Y es posible que lo mismo te esté ocurriendo a ti en cualquier área de tu vida. En el área laboral, por ejemplo, quizá tengas un trabajo que no te gusta porque no te reporta ninguna satisfacción, ni te permite cubrir siquiera tus necesidades mínimas. ¿Qué crees que sería lo mejor para no caer en las garras del conformismo y la mediocridad? ¡Exactamente! Dejarlo y buscar uno mejor. La decisión es fácil, ¿no es cierto? Pero, ¿qué sucede si ese trabajo que no te entusiasma ni te ofrece mayores oportunidades te provee lo suficiente para cubrir tus necesidades básicas así esté lejos de brindarte la calidad de vida que realmente anhelas para ti y tu familia?

Resulta cómodo conformarte con él, ¿no es cierto? Es fácil caer en la trampa de sentir que debes estar agradecido de, por lo menos, contar con un empleo y un sueldo por malo que sea. Después de todo, hay muchos otros que no tienen nada y ya quisieran tener dicho trabajo.

Al igual que aquella vaca, esta actitud conformista jamás te permitirá progresar. Y a menos que te liberes de ella, no podrás experimentar un mundo distinto al actual. Estás condenado a ser víctima de por vida de estas limitaciones que tú mismo te has encargado de establecer. Es como si hubieses decidido vendar tus ojos y conformarte con tu suerte.

Todos tenemos vacas: todas esas excusas, creencias y justificaciones que nos mantienen atados a la mediocridad. Pretextos que utilizamos para tratar de explicar por qué no estamos viviendo como queremos. Y lo peor de todo es que tratamos de engañarnos con excusas que ni nosotros mismos creemos, las cuales, al igual que la vaca de la historia, nos dan un falso sentido de seguridad cuando la realidad es que frente a nosotros se encuentra un mundo de oportunidades que solo podremos aprovechar si decidimos deshacernos de nuestras limitaciones.

¡Tú también tienes hoy la oportunidad de comenzar una vida libre de vacas!

02.
NO TODAS LAS VACAS MUGEN COMO VACAS

"Como muchas personas en mi país, actualmente estoy desempleado. Al leer el libro me di cuenta del corral de vacas que venía cargando: 'El mercado está duro', 'Hay demasiada competencia', 'No tengo capital de trabajo', 'A esta edad es difícil cambiar'. Todas estas excusas me tenían atado a una vida mediocre. Gracias a esta lectura he visto una luz al final del túnel y poco a poco he echado a andar mi creatividad. Y ¡oh sorpresa! Otra vez estoy enfocado trabajando en mi futuro en lugar de quejarme de mi pasado".

—José Carlos González, Arequipa, Perú

Al igual que con otros malos hábitos, muchas vacas suelen pasar inadvertidas y debido a eso logran ejercer un inmenso poder sobre todas las áreas de nuestra vida. Pocos admiten que tienen excusas para casi todo; es increíble ver que no sean conscientes del sinnúmero de pretextos y justificaciones que utilizan a diario. Para ellos, sus razonamientos, lejos de ser disculpas, son explicaciones legítimas de circunstancias que, curiosamente, parecen estar siempre fuera de su control.

Para algunos, por ejemplo, no es que ellos "tengan por costumbre llegar tarde a todo", sino que prefieren "llegar con un pequeño retraso para evitar ser los primeros"; para otros, un "tráfico impredecible" resulta siendo siempre la causa de sus retrasos.

¿Ves lo fácil que es racionalizar los malos hábitos? Sin proponértelo conviertes tus pretextos en "explicaciones lógicas", tus miedos en "precauciones acertadas" y tus pobres expectativas en "una manera más realista de ver la vida".

Muchos se niegan a aceptar que están conformándose con segundos lugares y prefieren pensar que lo que están haciendo es "ser prácticos para evitar decepciones mayores". Nunca admiten su mediocridad; en lugar de eso aseguran que solo están "estableciendo niveles más aceptables de rendimiento".

Esta es la razón por la cual les es difícil aceptar que estén cargando alguna vaca. Para ellos, sus justificaciones no suenan a excusas. ¿Por qué? Es sencillo: porque no todas las vacas mugen como vacas, sino que vienen disfrazadas de formas que las hagan menos reconocibles y más aceptables.

Después de compartir esta historia con cientos de miles de personas de todas partes del mundo, y de escuchar sus "explicaciones lógicas y razonables", he llegado a concluir que muchos simplemente no están dispuestos a considerar la idea de deshacerse de sus vacas. Prefieren llamarlas de mil maneras más tolerables y que produzcan menos remordimientos, y eso es justamente lo que las hace tan peligrosas.

Sin duda, suena un poco violento pedirte que "mates tus vacas". Seguramente preferirías que te solicite que "cambies de actitud", que "trates de modificar tu comportamiento" o que "busques eliminar tus malos hábitos". Sin embargo, si quieres triunfar, debes ser totalmente honesto contigo mismo y referirte a las excusas por sus verdaderos nombres y no con términos más tolerables.

La vaca de esta metáfora representa todo pretexto, justificación, mentira, racionalización, miedo o falsa creencia que te mantienen atado a la mediocridad y te impiden lograr la calidad de vida que anhelas. En general, toda vaca pertenece a una de estas dos categorías: las *excusas* o las *actitudes limitantes*.

En la categoría de *excusas* se encuentran toda clase de justificaciones, pretextos, evasivas, explicaciones racionales, disculpas y las llamadas "mentirillas blancas". De otro lado, la categoría de *actitudes limitantes*, de la cual hablaremos en el siguiente capítulo, está conformada por miedos, inseguridades, dudas, temores, limitaciones y falsas creencias.

En general, las excusas son simples salidas, escapatorias útiles para explicar la desidia y falta de acción; evasivas que en la mayoría de los casos, ni tú mismo crees; que sabes que no son ciertas y que son solo una manera fácil de encubrir la mediocridad y tratar de quedar bien al mismo tiempo.

"Siento haber llegado tarde, el tráfico estaba horrible". Pero la verdad es que no fue el tráfico lo que hizo que llegaras tarde. Sencillamente, no hiciste el esfuerzo de llegar temprano y, para cubrir este desatino o evitar las críticas, tomaste el camino más fácil: inventar una excusa. Así que, como ves, es claro que dar una excusa significa ser deshonesto con uno mismo y con los demás.

Por alguna absurda razón es innegable que, desde el punto de vista social, las excusas suelen ser más aceptables que la verdad misma. Resulta más cómodo culpar al tráfico porque sería mal visto decir que la razón de la tardanza es que no queríamos perdernos los últimos quince minutos del noticiero o el partido de fútbol. Tampoco llamaríamos al trabajo a decir: "Hoy no voy a trabajar porque le prometí a mi hijo que iría a la reunión de padres de familia". En lugar de esto, no tenemos problema en llamar y decir que estamos enfermos.

No obstante, al igual que con cualquier otra vaca, estamos pagando un precio muy alto por estas excusas socialmente aceptables y es saber que no somos tan seguros e íntegros como para enfrentar las consecuencias de hablar con la verdad.

¿EXCUSAS YO? ¡NUNCA!

Las excusas son las vacas más comunes. Son una forma cómoda de eludir cualquier responsabilidad encontrando siempre culpables por todo aquello que nunca logramos tener bajo nuestro control.

Las excusas son una manera de decir: "Yo lo hice, pero no fue mi culpa".

* "Reprobé el examen, pero la culpa fue del maestro que no nos dio suficiente tiempo para estudiar".

* "No he ascendido en mi cargo, pero la culpa es de mi jefe que no aprecia mi talento".

* "Fracasé en mi matrimonio, pero la culpa fue de mi esposa que no hizo un esfuerzo por comprenderme".

Es posible que lo que estemos tratando de justificar con cualquiera de estas excusas sea una mala nota en la escuela, un rechazo en una relación, un conflicto en el trabajo o una crítica. Ahora bien, es natural el tratar de eludir estas situaciones poco placenteras. Aún así, es crucial entender que evadirlas con una excusa no nos permite enfrentar y corregir el problema subyacente que las ha originado.

Lo triste es que, mientras pensemos que somos las víctimas y que alguien más es el culpable, no haremos nada para remediar dicha situación. Después de todo, no es nuestra culpa.

Hay solo tres verdades incuestionables en lo que a excusas se refiere: la primera es que, si de verdad quieres encontrar una disculpa para justificar cualquier cosa, ten la plena seguridad de que la hallarás sin mayor dificultad.

En uno de los tantos testimonios que recibí sobre las vacas que muchos decidieron matar, Samuel me cuenta que él tuvo que afrontar la difícil realidad de cambiar drásticamente su dieta alimenticia e implementar un riguroso plan de ejercicio físico para lidiar con la diabetes que le diagnosticaron. Así y todo, agrega que en un principio se las ingenió para encontrar suficientes razones para no hacerlo. A pesar de que era su vida la que estaba en peligro, él se rehusaba a cambiar sus hábitos aduciendo razones como: "Infortunadamente no tengo suficiente tiempo para ejercitar todo lo que debería", "Esta es la manera como siempre he comido", "Trabajo hasta muy tarde y mis actividades me impiden levantarme temprano para ir al gimnasio", "De todas maneras, si comiéramos solo aquello que es bueno para nuestra salud, nos moriríamos de hambre".

Samuel llegó al extremo de utilizar el insolente adagio de que "de algo tenemos que morirnos, ¿no es cierto?" Sin embargo, su verdadero problema era que ninguna de sus justificaciones le estaba ayudando a controlar su diabetes. Menos mal reconoció su falla, mató su vaca y tomó la decisión de cambiar sus hábitos para lograr una salud óptima.

Lástima que no todas las personas logran hacerlo a tiempo. Recuerdo el caso de Bill, un empresario con quien tuve la oportunidad de trabajar hace ya varios años. Era uno de esos fumadores empedernidos que al fin terminó por aceptar ese mal hábito como una de esas situaciones sobre las cuales simplemente no tenía ningún control. Después de su muerte, a consecuencia de un enfisema pulmonar, un amigo que lo había visitado en el hospital me comentó que, con tristeza, Bill le decía: "No puedo creer que permití que este absurdo vicio me matara".

Estas dos historias de vida nos muestran que algunas personas prefieren malgastar su tiempo buscando una excusa que las exima de una tarea que con seguridad les tomaría la mitad del tiempo que emplean pensando en cómo no hacerla.

La segunda verdad sobre las excusas es que, una vez comiences a utilizarlas, ten la plena seguridad de que encontrarás aliados. No importa qué tan increíble y absurda sea tu vaca, encontrarás quien te la crea y la comparta. Tanto así, que no faltará alguien que te diga: "Yo sé cómo te sientes porque a mí también me sucede lo mismo".

Estoy convencido de que la razón por la cual muchos tienen el descaro de dar excusas es porque están convencidos por completo de que, tarde o temprano, encontrarán a alguien que se las crea y valide su posición.

La última verdad acerca de las excusas es que, una vez las utilizas para encubrir tus circunstancias, notas de inmediato que estas no cambian. ¿Sabes por qué? Porque el problema que estás evitando enfrentar a punta de evasivas continúa latente. No has avanzado hacia su solución; por el contrario, tú estás retrocediendo y en cambio tu problema sigue avanzando. Es más, cada vez que te vales de cualquier excusa, la llevas un paso más cerca de convertirse en tu realidad.

Cuando dices "no tengo tiempo" buscando justificar el no hacer lo que sabes que debes hacer, pierdes un poco más de control sobre tu tiempo. Pronto comienzas a notar que estás viviendo de manera reactiva, de urgencia en urgencia, sin encontrar el momento adecuado para hacer lo que es en realidad importante para ti. Con cada uso que les des, permites que tus excusas vayan adquiriendo mayor validez en tu vida y terminen por ser parte de tu realidad.

Lo frustrante es que, cuando te detengas a evaluar si frases como esa tan infame de "no tengo tiempo" y otras por el estilo son ciertas o no, descubrirás que son falsedades que han perdurado en tu mente debido a que nunca cuestionaste su veracidad. El único hecho innegable es que tanto triunfadores como fracasados cuentan con veinticuatro horas en su día —ni un minuto más, ni un minuto menos—; la única diferencia entre ellos es su forma de utilizar el tiempo.

Sin duda alguna, las excusas son una artimaña que evita que te enfrentes al peor enemigo del éxito: la mediocridad. Así que olvídate de las excusas; tus amigos no las necesitan y, de todas maneras, tus enemigos no te las creerán.

COMO DICE EL DICHO...

Una gran cantidad de excusas ha terminado por convertirse en adagios y aforismos que adoptamos como si fueran fórmulas infalibles de sabiduría.

Con el paso del tiempo, la obstinada frecuencia con que son utilizadas las va transformando en dichos populares, pese a no ser más que mentiras revestidas de una fina capa de algo que aparenta ser verdad.

Dichos como "perro viejo no aprende nuevos trucos" —o "loro viejo no aprende a hablar", como se conoce en otros países— o "árbol que crece torcido jamás su rama endereza" popularizan dos ideas equívocas y absurdas: una, hacerte creer que existe una edad después de la cual es imposible aprender algo nuevo; y otra, convencerte de que ciertos hábitos o comportamientos son imposibles de cambiar.

Estas dos ideas no solo te hacen sentir impotente, sino que terminan por cegarte frente a la capacidad que tienes para aprender y cambiar. Lo más curioso en torno a esta clase de vacas es que muy pocas veces se cuestionan su supuesta enseñanza ni la sabiduría que dicen contener. La gente asume que, si estos dichos son tan conocidos, debe ser porque guardan una profunda verdad. No obstante, lo que en realidad les ha dado tanta popularidad es que, con mucha frecuencia, son vacas compartidas por una enorme cantidad de personas.

Pregúntate si los siguientes refranes encierran alguna verdad o si solo son vacas que se usan a conveniencia para justificar una situación de conformismo que afecta a muchos:

- Es mejor malo conocido que bueno por conocer.
- Unos nacen con buena estrella y otros nacimos estrellados.
- Lo importante no es ganar o perder, sino haber tomado parte en el juego.

- Ojos que no ven, corazón que no siente.
- Más vale poco que nada. (¡Qué mejor ejemplo de conformismo!)
- En boca cerrada no entran moscas. (Es decir que, quien no habla no yerra. Lo que no queda explícito es que de boca cerrada tampoco sale ninguna idea).

Examinemos más de cerca algunos de estos populares refranes para apreciar cual es el verdadero precio que estamos pagando por su uso. Imagínate, por ejemplo, lo ilógico de decirle 'no' a una nueva oportunidad profesional y preferir mantenerte en un trabajo del cual no disfrutas, ni te está llevando a ningún lado, todo por el simple hecho de creer que "es mejor malo conocido que bueno por conocer". Absurdo, ¿no es cierto? Sin embargo, a pesar de su falta de sentido, muchos utilizan este viejo adagio para justificar su desidia o apatía así el precio por su pasividad sea una vida mediocre.

Ahora, ¿qué piensas de la idea de que para evitar sufrir es mejor vivir en la ignorancia? Porque eso es lo que pregona el abusado refrán de que "ojos que no ven, corazón que no siente". No te imaginas cuántas personas prefieren no ir al médico a pesar de sus dolencias por miedo a escuchar lo que su doctor tenga que decirles; cuántos padres no se atreven a preguntarles a sus hijos si algo anda mal por temor a lo que descubran así que optan por vivir en la oscuridad hasta cuando ya sea demasiado tarde.

De manera que, antes de apresurarte a utilizar cualquiera de estas supuestas "joyas de la sabiduría popular", asegúrate de no estar perpetuando vacas que lo único que generan en tu vida es que hagas más llevadero tu conformismo. Después de todo recuerda que "mal de muchos... consuelo de bobos".

PLAN DE ACCIÓN

1. Son pocos los que se arman de valor y están dispuestos a admitir que dan excusas. La inmensa mayoría de la gente no es consciente de la cantidad de pretextos y justificaciones que emplea a diario.

Cuáles son esas tres excusas a las que recurres con mayor frecuencia:

a. _____

b. _____

c. _____

2. Muchas de las excusas más comunes se disfrazan de adagios y dichos populares que adoptamos como si fueran fórmulas infalibles de sabiduría. Pese a ello, no son más que evasivas con las que, según sea el caso, encubrimos nuestra propia mediocridad.

Cuáles son esos tres dichos o sentencias que utilizas con el único fin de justificar tus malos hábitos:

a. _____

b. _____

c. _____

3. Ahora que sabes cómo se manifiestan tus excusas en tu conducta y lenguaje diarios, determina y escribe qué acciones tomarás a partir de este momento para erradicarlas de una vez por todas:

a. _____

b. _____

c. _____

03.
TODA VACA
ES PRIMERO
UNA MANSA
TERNERA

"La vaca que más me estorbaba era la idea que tenía de que solo con el apoyo incondicional de mi familia y mi esposa saldría de mi mediocridad. Necesitaba desesperadamente una palabra de aliento de parte de ellos que me confirmara que creían en mí. Sin embargo, parecía que lo único que siempre encontraba era su desaprobación así que optaba por no hacer nada, culpándolos por mi inactividad ¡Qué vaca! Hoy, he decidido dejarme guiar por mi intuición, aceptar total responsabilidad por mis acciones y hacer oídos sordos a todo comentario negativo. Es curioso, pero ahora que ya no lo busco, he comenzado a recibir el apoyo de quienes yo tanto deseaba".

—Silvano Alberto, Ciudad de México, México

Hablemos ahora de las actitudes limitantes, la segunda categoría de vacas a las que me referí en el capítulo anterior. ¿Qué tan reales son estas actitudes para quien las experimenta? Tan absurdas, irracionales y lejanas de la realidad como te parezcan, suelen ser muy reales para quien las está padeciendo.

Consideremos, por ejemplo, los temores, —una de las actitudes limitantes más poderosas que existen. En la mayoría de los casos, aquello que algunos temen carece de bases y no es más que una mentira que aparenta ser real. No obstante, el miedo que les produce es tal, que los paraliza y les impide actuar.

Hablar en público es un buen ejemplo del efecto que los miedos generan en algunas personas. ¿Qué tan seria es para ellas esta aprensión? Llega a ser tan intensa que, en su lista de temores, hablar en público se encuentra mucho más arriba que el mismísimo miedo a la muerte.

Así lo encuentres absurdo e incomprensible, hablar frente a un grupo les produce a muchos más ansiedad y miedo que la idea de morir. Si crees que estoy exagerando, trata de hacer que alguna de estas personas que sufren de esta fobia se pare frente a un grupo —por reducido que sea— a decir unas cuantas palabras. Observa lo que sucede. Su estado mental y físico cambian de inmediato; comienza a sudar; su corazón empieza a latir mucho más rápido y sus piernas se debilitan al punto de sentir que se va a desmayar. Así de terrible e intimidante resulta para algunos la idea de hablar en público. Sin embargo, intenta decirles que lo suyo es irracional, que nada malo les sucederá, y descubrirás qué tan real es este temor para quienes lo afrontan.

Sin duda alguna, los miedos son una de las peores clases de vacas que existen. Toman control de quienes los sufren y, literalmente, los paralizan física y mentalmente. Por esta razón, es vital que actúes a pesar de la ansiedad que sientas pues la acción es la única cura contra el temor.

Otro tipo de actitud limitante está relacionado con las justificaciones; las explicaciones con las cuales tratas de convencerte a ti mismo y a los demás de que la situación no está tan mal como parece —a pesar de que ya no la soportes ni un minuto más—. Al igual que con las demás vacas, el mayor problema con las justificaciones es que, después de utilizarlas con cierta frecuencia, terminas por aceptarlas como verdades.

Muchas personas malgastan su tiempo justificando y explicando por qué deben continuar en una situación en la cual es obvio que no quieren estar. Prefieren fabricar complejas aclaraciones para justificar quedarse en un mal trabajo en lugar de hacer lo obvio: buscar otra oportunidad. Y al final, terminan por convencerse a sí mismas de que mantener su *statu quo* sigue siendo su mejor alternativa.

Cuando pienso acerca de los efectos devastadores de las justificaciones, recuerdo a una mujer que se acercó a mí durante una presentación queriendo que yo le ayudará a desarrollar una mejor actitud hacia su trabajo.

—Cuéntame un poco acerca de lo que haces— le pregunté tratando de descubrir el porqué de su desazón.

—¡Odio mi trabajo! —Esas fueron sus primeras palabras— Mi jefe es un cínico y no aprecia mi labor. Y lo peor de todo es que no estoy haciendo aquello para lo cual me preparé. He tratado de ser positiva, pero el solo hecho de pensar en llegar a mi trabajo cada mañana se me ha convertido en una pesadilla.

Después, prosiguió a darme suficientes razones de porqué, tristemente, ella creía no tener otra opción más que quedarse ahí. Cuando por fin me preguntó qué podía aconsejarle para sobrellevar su situación laboral de una manera más positiva, le dije: ¡Renuncia! Busca otro trabajo. Descubre algo que ames hacer.

La sorpresa en su cara dejaba ver que esta no era la respuesta que ella estaba esperando. La verdad, no creo que esa fuese siquiera una opción que ella hubiese considerado. Le expliqué que la meta nunca debe ser aprender a soportar aquello que detestamos, sino descubrir qué es lo que amamos hacer. La vida es demasiado corta para derrocharla haciendo cosas que odiamos. Como lo explica mi amigo Brian Tracy: "Una de las maneras más comunes de despilfarrar el tiempo es desperdiciando la vida en el trabajo equivocado".

Las actitudes limitantes también suelen manifestarse como "falsas creencias" que desarrollamos con respecto a nuestras propias habilidades, a las demás personas o al mundo que nos rodea —creencias que no nos permiten utilizar nuestro potencial al máximo.

Isabel, a quien tuve oportunidad de conocer en una de mis conferencias en la ciudad de Miami, estaba recién llegada al país; tenía sesenta años y llevaba varios meses tratando de encontrar un trabajo. Contaba con todo un arsenal de creencias sobre lo difícil que le sería tener éxito en su profesión:

—Mi búsqueda de empleo ha sido un fracaso total —y la expresión en su cara se hizo aún más grave al decirlo—. Quizá sea porque nunca he sido buena trabajando con otras personas. Sé que estoy muy vieja y ninguna compañía va a querer contratar a una mujer de sesenta años con un acento tan fuerte como el mío...

Durante varios minutos Isabel se aseguró de presentarme un sinnúmero de argumentos sobre porqué le sería imposible encontrar un buen trabajo. Hacia el final de la conversación me enteré de que, durante todo este tiempo, ella se había presentado a solicitar empleo en una sola empresa. ¡Solo una!

—¿Qué hago Dr. Cruz?

Algo me dijo que esta no era la primera vez que Isabel relataba esta historia de desencanto. Es más, estoy seguro de que ya la había compartido un par de cientos de veces antes de llegar a mí. Por esta razón le dije:

—Primero, quiero que dejes de contar esta historia; y segundo, esperemos a que recibas cien rechazos antes de referirnos a tu búsqueda de trabajo como un fracaso total, ¿de acuerdo? Solo cuando hayas recibido cien rechazos nos preocuparemos por encontrar una nueva estrategia de búsqueda de empleo.

Tres meses más tarde, en otro evento, Isabel me volvió a contactar. Avanzó hacia mí abriéndose paso entre la gente y con una voz llena de orgullo y entusiasmo me dijo:

—¡Dos! ¡No tuve que recibir más que dos rechazos antes de encontrar un gran puesto! ¡Llevo dos meses y medio trabajando y estoy muy contenta!— Isabel parecía una nueva persona y se veía muy feliz y segura de sí misma.

Esta es una muestra de lo que sucede cuando nos liberamos del enorme peso de cargar con tantas vacas a cuestas.

Como ves, las vacas suelen adoptar formas y disfraces que dificultan que las reconozcas como tales. Además, a pocas personas les gusta admitir que las tienen. Prefieren aceptarlas como cargas ineludibles que el destino ha depositado en sus hombros y sobre las cuales tienen muy poco o ningún control. En general, toda idea que te debilite, que te proporcione una excusa o te ofrezca una escapatoria para eludir la responsabilidad de lo que debes hacer seguramente es una vaca. Y de la misma manera en que muchas grandes mentiras comienzan como una simple *mentirilla blanca*, las vacas descomunales con las que a veces cargas comenzaron siendo inocentes y mansas terneras.

UN DÍA EN LA VIDA DE UN PESIMISTA

El pesimismo es un gran ejemplo de cómo muchas vacas comienzan a tomar forma. Los pesimistas viven en un mundo deprimente y negativo mientras que para los optimistas el mundo es un lugar positivo y lleno de oportunidades. Pero lo cierto es que se trata del mismo mundo; los dos comparten el mismo universo. La diferencia entre la vida que cada uno de ellos lleva y los resultados que obtienen es solo la consecuencia lógica de sus pensamientos dominantes.

En cierta ocasión, hablando con alguien particularmente negativo, descubrí el origen de su pesimismo —similar al de muchas otras personas—. En respuesta a un comentario que le hice sobre su perspectiva un tanto lúgubre, él me respondió de inmediato: "No es pesimismo, Camilo. Yo solo estoy siendo realista".

Es casi seguro que tú también te habrás encontrado con alguien que ha tratado de convencerte de que sus actitudes negativas no son más que "expectativas realistas". He descubierto que, si le preguntas a una persona positiva si es optimista, ahí mismo te dirá que sí. No obstante, si le hablas a un pesimista sobre su negativismo, de inmediato procederá a darte numerosos argumentos para justificar que lo suyo no es pesimismo sino simple y llanamente una manera realista de ver la vida.

¿Ves por qué este pensamiento es una vaca? Si aceptas que eres pesimista, negativo y amargado, es posible que, tarde o temprano, decidas que necesitas cambiar dicha actitud y optes por buscar ayuda para lograrlo. Pero si crees que solo estás siendo realista, lo más probable es que no sientas la necesidad de cambiar. Después de todo, ser realista es tener los pies sobre la tierra y ver las cosas tal como son —o por lo menos eso es lo que los realistas dicen—. A pesar de ello, si observas con cuidado, te darás cuenta de que las denominadas "personas realistas" tienden a ser siempre pesimistas y a tener bajas expectativas. Y esa mentalidad, no solo les impide ver su propio pesimismo, sino que actúa como un lente a través del cual ellas interpretan el mundo que las rodea.

Es simple: si te pones unos lentes oscuros, es obvio que veas todo oscuro; si utilizas unos lentes de color rosa, todo lo verás rosado. Eso mismo es lo que les pasa a los pesimistas, que ellos tienden a enfocarse en los problemas y no en las soluciones. Donde otros vislumbran oportunidades ellos no ven más que complicaciones. Ellos perciben con mayor claridad sus debilidades que sus fortalezas y suelen tener expectativas mucho más bajas que las de los triunfadores. Su pesimismo es el lente a través del cual observan y evalúan el mundo que los rodea. Y no es que hayan nacido así; su pesimismo es un comportamiento aprendido.

En general, muchas de las emociones y sentimientos negativos que experimentas son vacas que has adoptado a lo largo de la vida y que has ido programando en tu subconsciente de manera voluntaria —ya que nadie te obligó a hacerlo—, con consecuencias desastrosas. Los pensamientos negativos te mantienen atado a la mediocridad; además, poco a poco generan fuerzas y sentimientos nocivos dentro de ti que se manifiestan tanto en estados emocionales dañinos y perjudiciales como en enfermedades y padecimientos físicos devastadores para tu salud: úlceras, males cardíacos, hipertensión, problemas digestivos, migrañas y debilitamiento del sistema inmunológico. Prueba de ello es que los pesimistas, con su tendencia a quejarse constantemente por todo, son los mismos que suelen enfermarse con mayor frecuencia.

Martín Seligman, profesor de la Universidad de Pennsylvania, asevera que los pesimistas sufren de una mayor cantidad de aflicciones y enfermedades crónicas, y que su sistema inmunológico no responde tan bien como el de una persona optimista. Un estudio realizado por la Universidad de Harvard demostró que aquellos que a los veinticinco años de edad ya poseían una actitud pesimista, sufrían más de enfermedades serias a los cuarenta o cincuenta años de edad.

¿Qué efectos positivos generas al matar la vaca del pesimismo? Quizás el siguiente estudio revele una parte importante de la respuesta. Un grupo de científicos del hospital King's College, en la ciudad de Londres, condujo una investigación entre 57 mujeres que sufrían de cáncer del seno y habían sido sometidas a una mastectomía. El resultado de aquel estudio reveló que siete de cada diez mujeres que poseían lo que los doctores llaman *espíritu de lucha*, diez años más tarde llevaban vidas normales mientras que cuatro de cada cinco mujeres que, en opinión de los doctores, *perdieron la esperanza de vida* y se *resignaron a lo peor*, murieron poco tiempo después de escuchar el diagnóstico. Así que, como ves, muchas de estas vacas no solo afectan tu actitud, sino que también te roban la vida misma.

La buena noticia es que, aún si en el pasado permitiste que el entorno y la gente a tu alrededor te condicionaran para aceptar la mediocridad, en este momento tú puedes cambiar esta actitud y reprogramar tu mente para el éxito. Lo único que debes hacer es tomar la decisión de cambiar.

LA PRISIÓN DE LAS FALSAS CREENCIAS

Sin lugar a dudas, las vacas más recurrentes, y las que peores resultados traen, son las falsas creencias sobre lo que puedes o no hacer y lograr. Me refiero a todas aquellas limitaciones que te has impuesto a ti mismo y que adoptas acerca de tus capacidades, talentos y habilidades. Por ejemplo, si en tu mente reposa la creencia de que no triunfarás porque no contaste con la buena fortuna de ir a la escuela, con seguridad esta idea regirá tus expectativas, decisiones, metas y manera de actuar. Esta falsa creencia se convertirá en un programa mental que, desde lo más profundo de tu subconsciente, regirá todas tus acciones.

Tus creencias determinan tus expectativas y estas a su vez influyen en los resultados que obtienes. Las creencias limitantes generan bajas expectativas y producen pobres resultados. Pero ¿cómo llegan ciertas ideas a convertirse en creencias limitantes y logran controlar tu destino? Es simple; como verás en el siguiente ejemplo, la persona simplemente saca conclusiones erradas a partir de premisas equívocas que acepta como ciertas. Observa la manera tan sencilla en que esto ocurre:

Primera premisa:

Mis padres nunca fueron a la escuela.

Segunda premisa:

Mis padres no lograron mucho.

Conclusión:

Como yo tampoco fui a la escuela, entonces yo tampoco lograré mayor cosa en mi vida.

¿Ves los efectos tan devastadores que tienen estas generalizaciones que nosotros mismos nos hemos encargado de crear mediante el diálogo que ocurre en el interior de nuestra mente? Creamos uno de los círculos viciosos más autodestructivos ya que, entre más incapaces nos veamos a nosotros mismos, más inútiles nos verán los demás y más nos tratarán como ineptos, lo cual solo confirmará lo que ya sabíamos de antemano, que éramos unos buenos para nada.

Porque el hecho de que tus padres no hayan logrado mucho quizá no tenga nada que ver con que ellos hayan o no hayan ido a la escuela. E inclusive, aunque así fuera, eso no significa que contigo vaya a suceder lo mismo.

A José Luis Ferrer, un joven latinoamericano residente en Australia, siempre le embargó el temor de trabajar en una profesión distinta a aquella para la cual él se preparó. Y a pesar de que existía poca demanda para sus habilidades en ese nuevo país, el solo pensar en aventurarse en un campo distinto al suyo era suficiente para generarle gran ansiedad y temor acerca del futuro que le esperaba. Por largo tiempo esta vaca le impidió aprender cualquier disciplina que no estuviera relacionada con su campo de acción. José Luis había caído víctima de la tan conocida vaca de "zapatero a tus zapatos" que perpetúa la idea de que cada cual debe dedicarse a lo que estudió o aprendió y punto.

Por supuesto que había otras profesiones y trabajos que le atraían, pero ¿qué iban a pensar sus padres, su familia o amigos si se enteraban de que él había abandonado su profesión? Hacer esto era admitir que todos esos años invertidos en sus estudios universitarios habían sido una pérdida de tiempo. ¿Qué iban a pensar los demás si él tomaba la decisión equivocada? ¿Qué sucedería si después de hacer tal cambio él descubría que no contaba con las aptitudes y habilidades necesarias para triunfar en su nueva profesión? Todas estas dudas lo mantenían preso, paralizado e incapaz de tomar cualquier determinación. Cabe anotar que esta es una vaca particularmente peligrosa en el mundo actual ya que, según algunos estudios, debido a la globalización, a las nuevas tecnologías y a la alta competitividad, toda persona debe estar dispuesta a desenvolverse en por lo menos siete áreas distintas a lo largo de su vida laboral.

Por fortuna, José Luis decidió aceptar el reto de iniciar estudios en un campo desconocido para él. Hoy, no solo se ha dado cuenta de que en realidad ama su nueva carrera, sino que además disfruta de su trabajo más que nunca.

Al igual que José, muchas personas permiten que el miedo a lo nuevo y a lo desconocido les impida actuar y en ocasiones ese temor les roba la oportunidad de disfrutar hasta de placeres básicos. Evitan probar nuevas comidas, explorar diferentes culturas o practicar nuevos pasatiempos sin darse cuenta de que el querer "ir siempre a la segura" crea miedos irracionales y limita su potencial de crecimiento.

"Es mejor aferrarse a lo que uno conoce", "¿Para qué cambiar lo que está bien?" "No trates de arreglar lo que no se ha roto" o "Es mejor malo conocido que bueno por conocer" —refranes de los que ya hablamos—, son todas expresiones que buscan disuadirte de salir de tu zona de comodidad. El problema es que muchas veces esa aparente seguridad que te provee el hecho de que te mantengas allí te impide realizar cambios importantes, ajustes profesionales, abandonar relaciones de pareja abusivas, etc.; te quedas ahí solo por temor a terminar en peores circunstancias.

Hannes Hunschofsky, Presidente de una compañía multinacional me escribió, citando a Charles Dubois:

"Lo importante es tener la capacidad para 'dejar de lado lo que somos en pos de trabajar en lo que podemos llegar a ser'. Parece fácil y obvio. Y aún así, lograrlo es con frecuencia muy difícil. En el mundo corporativo es necesario adaptarse a los nuevos retos que a diario se presentan. Al igual que muchos otros gerentes, yo también me di cuenta de que la mayoría de los integrantes de mi equipo de trabajo tenían dificultades para adaptarse al cambio. Con frecuencia escuchaba argumentos como: 'Esta es la forma en que lo hemos venido haciendo. ¿Por qué cambiar ahora?' El problema es que, si no aceptamos el cambio como parte de la ecuación, si no nos actualizamos y nos adaptamos, corremos el riesgo de volvernos obsoletos. Cuando nos comprometimos a deshacernos de nuestras vacas organizacionales, descubrimos que la mayoría de los temores que teníamos con respecto al cambio eran irracionales y absurdos".

¿Cuál es la lección? Necesitas cuestionar muchas de las creencias que hoy existen en tu mente y no aceptar limitaciones sin preguntarte si son válidas o no. Recuerda que siempre serás lo que creas ser. Si crees que triunfarás, con seguridad lo harás. Si crees que no triunfarás, ya has perdido. Es tu decisión.

CUANDO EL CONFORMISMO TOMA POSESIÓN DE TU VIDA

No debe sorprenderte que mientras encuentres la manera de justificar un mal hábito o una pobre actitud lo más seguro es que no hagas nada para cambiarlos. La razón es sencilla: en la medida en que logres autoconvencerte de que "así son las cosas y no hay nada que puedas hacer", de que "la situación está totalmente fuera de tu control", no habrá necesidad de tomar ninguna medida para iniciar ese cambio que, muy en tu interior, sabes que necesitas.

Muchas personas utilizan un gran número de justificaciones para explicar su mala salud, una pésima relación o el pobre trabajo que realizan en la crianza de sus hijos. Se contentan con quejarse y lamentarse por aquello que les molesta, pero no hacen nada para cambiarlo. Y en lugar de proceder, buscan una buena excusa que les ayude a explicar por qué no actúan.

Para quien busca a toda costa una manera de justificar ante los demás su precaria salud, cualquier pretexto es bueno: "No sabes cómo quisiera cuidarme más, pero no tengo tiempo", "Los gastos médicos están tan altos que no me puedo dar ese lujo", "Lo que sucede es que yo no confío en los doctores". Pero, a pesar de tantas excusas, el problema es que ninguna de ellas le aliviará sus quebrantos físicos ni mejorará su salud.

Lo mismo suele ocurrir en otras áreas de la vida. Por ejemplo, considera el siguiente razonamiento que algunos padres utilizan en un esfuerzo por justificar el poco tiempo que les dedican a sus hijos: "Yo sé que debería compartir más tiempo con mis hijos, pero la verdad es que llego demasiado cansado del trabajo. Además, trabajo para proveerles una mejor vida y con ello les estoy mostrando que los amo".

A simple vista, parece una justificación real, pero lo cierto es que no es más que una vaca ya que todos estamos en posición de dedicarles más tiempo a nuestros hijos.

Si esta es tu vaca, sé creativo e ingéniate diferentes maneras para involucrar a tus hijos en tus actividades y compartir más con ellos. Interésate en sus pasatiempos favoritos, habla más con ellos durante las comidas, dedica un tiempo cada noche para preguntarles sobre su día antes de que se vayan a dormir, ayúdales con sus tareas y deberes escolares, organiza actividades recreativas durante los fines de semana que te permitan generar una relación de mayor cercanía y amistad con ellos. No basta con satisfacer sus necesidades básicas a costa de privarlos de tu afecto.

Otra excusa que algunos padres utilizan para justificar este descuido es la siguiente: "Lo importante no es la cantidad de tiempo que pase con mis hijos, sino la calidad". ¿Qué te parece esta vaca? Suena tan bien que, literalmente, remueve por completo la necesidad de pasar más tiempo con ellos. Después de todo, mientras estemos convencidos de que les estamos proporcionando "calidad" de tiempo —independientemente de lo que esto quiera decir—, "la cantidad" no tiene mayor importancia. ¿Te das cuenta de lo peligrosa que es esta vaca? Porque lo cierto es que, en la relación con nuestros hijos, la cantidad de tiempo que pasemos con ellos es tan importante como la calidad.

Cuando escucho a algún padre utilizar la excusa de "cantidad versus calidad" en referencia al tiempo que emplea con sus hijos, le comparto el siguiente escenario para que establezca un punto de comparación:

Imagínate que entras a un restaurante con un amigo y los dos piden un filete de pescado. A tu amigo le traen un enorme filete, grueso y jugoso mientras que a ti te traen uno pequeño que no es ni la quinta parte del que le correspondió a tu compañero. Al hacer el reclamo, el mesero te responde: "Ah, señor, la explicación es muy sencilla, su filete es de mejor calidad". No sé qué responderías en tal situación, pero sin duda, yo le dejaría saber al mesero que para mí la cantidad es tan importante como la calidad y demandaría una porción más grande.

Como padre de tres hijos he llegado a entender que en la gran mayoría de los casos nuestros hijos siempre aceptarán sin mayores quejas el tiempo que decidamos darles. Si no dedicamos suficiente tiempo para jugar con ellos, por ejemplo, es seguro que ellos encontrarán un amigo u otra actividad con la cual distraerse.

Si nunca nos hallan cuando necesitan ayuda con sus tareas, simplemente harán lo mejor que puedan por sí solos. Y si no estamos disponibles para ellos cuando estén enfrentando problemas serios o situaciones difíciles, ellos escucharán a cualquiera que sí esté dispuesto a prestarles atención.

Una cosa sí es segura: las actitudes, autoestima y carácter que desarrollen nuestros hijos serán el resultado de la calidad y la cantidad de tiempo que decidamos dedicarles. La elección está entre tener un impacto positivo en ellos que perdure por siempre o permitir que la vaca de "no tengo tiempo" continúe controlándonos.

Como ves, es fácil apropiarnos de un sinnúmero de vacas que lo único que logran es limitarnos e impedirnos vivir al máximo. ¿Qué hace que un ser humano cargue por su propia voluntad una vaca a cuestas a pesar de saber que esta le priva de llevar una vida plena y feliz? Parece ilógico cargar con algo que va en detrimento de nuestra propia felicidad. Y a pesar de ello, muchas personas han tomado la decisión consciente de permitir que estas falsas ideas saboteen su éxito.

UN ENEMIGO LLAMADO "PROMEDIO"

Alguna vez escuché a un entrenador técnico proclamarle con ímpetu a su equipo: "Lo bueno es enemigo de lo extraordinario". Después de reflexionar por un momento acerca de esta idea logré apreciar la gran sabiduría contenida en esta simple frase. Mientras que estemos satisfechos con ser "buenos" nunca seremos "extraordinarios". Sommerset Maugham, escritor británico de drama y ficción dijo: "Lo interesante acerca del juego de la vida es que, si decidimos aceptar solo lo mejor de lo mejor, lo más probable es que lo consigamos". Lo que él no nos advirtió es que lo opuesto también es cierto: aquellos que deciden contentarse con una vida de resultados promedio o una existencia mediocre también lo logran.

Muchos no son conscientes de las vacas que llevan a cuestas; otros lo son, pero continúan cuidándolas y alimentándolas porque estas les brindan una zona de comodidad en la cual la mediocridad es aceptable. Así tienen una excusa para cada estación, ocasión o día de la semana. La culpa de su pobre suerte es de otras personas, de las circunstancias o del destino—mientras haya a quien culpar, todo está bien.

Considera que, en ausencia de una vaca que nos ayude a justificar la mediocridad, solo tendríamos dos opciones: aceptar la total responsabilidad por nuestras circunstancias y cambiar —lo cual nos conduce al éxito—, o aceptar que somos incapaces de controlar nuestra vida y resignarnos —un camino seguro al fracaso—. Si estas fueran las dos únicas opciones, con seguridad todos tomaríamos la primera: la decisión de triunfar puesto que el dolor asociado con la segunda alternativa es una carga demasiado pesada para cualquiera.

Sin embargo, las vacas agregan una tercera opción a esta ecuación, aún peor que la segunda: nos convierten en personas con buenas intenciones, a quienes infortunadamente la suerte no les ha sonreído —¡Mediocridad!—. Queremos llegar lejos, pero no hemos podido; deseamos lograr grandes metas, pero por alguna razón nos ha sido imposible, no se nos presentan las oportunidades que a otros sí, no heredamos los genes o el talento apropiados, o no hemos tenido buena fortuna. Y puesto que somos las pobres víctimas de un cruel destino que parece haberse ensañado con nosotros, debemos aprender a contentarnos con lo poco que tenemos.

La mediocridad es peor que el fracaso total. Este al menos te obliga a evaluar otras opciones. Cuando has tocado fondo y te encuentras en el punto más bajo de tu vida, la única opción es remontar —¡Ascender!—. La miseria absoluta, el fracaso total, el tocar fondo te obligan a actuar. No obstante, con el conformismo sucede todo lo contrario, engendra mediocridad y esta a su vez perpetúa el conformismo. El gran peligro de la mediocridad es que es soportable, logramos vivir con ella.

Hace algún tiempo escuché una historia que ilustra este punto a la perfección:

Un forastero llegó a la casa de un viejo granjero y junto a la puerta se encontraba sentado uno de sus perros. Era evidente que algo le molestaba al animal; no estaba a gusto, algo lo tenía irritado ya que ladraba y se quejaba sin parar. Después de unos minutos de ver el evidente estado de incomodidad y dolor que exhibía el animal, el visitante le preguntó al granjero qué le estaría sucediendo al pobre animal.

—No se preocupe ni le preste mayor atención— respondió el granjero sin mostrar ninguna preocupación—. Ese perro lleva varios años en las mismas.

—Pero... ¿nunca lo ha llevado a un veterinario a ver qué le estará sucediendo? Mire que puede ser algo grave— señaló el visitante visiblemente consternado por el lamentable estado del animal.

—Oh no, no hay nada de qué preocuparse; yo sé qué es lo que le molesta. Lo que sucede es que es un perro perezoso.

—Pero ¿qué tiene eso que ver con sus quejas?— preguntó sin entender la relación entre su flojera y sus lamentos.

—Vera usted —le explicó el granjero—, ocurre que justo donde está acostado se encuentra la punta de un clavo que sobresale del piso y lo pincha y lo molesta cada vez que se sienta ahí; de ahí sus ladridos y quejambres.

—Pero... y ¿por qué no se mueve a otro lugar?

—Porque seguramente lo molesta lo suficiente como para quejarse, pero no tanto como para moverse.

Este es el gran problema con el conformismo y la mediocridad: suelen molestarnos e incomodarnos aunque no lo suficiente como para que decidamos cambiar.

¿Conoces a alguien que esté en esta situación? O acaso ¿es esta tu realidad? ¿Tienes un clavo que te esté molestando y que no te ha permitido alcanzar lo que verdaderamente deseas, pero continúas quejándote de tu mala suerte sin hacer nada al respecto? Si es así, decide hoy mismo deshacerte de todas las vacas que te están robando la posibilidad de ser una persona plena y feliz.

PLAN DE ACCIÓN

1. Sin duda, las limitaciones más peligrosas que existen, y las que peores resultados nos traen, son las
falsas creencias sobre lo que podemos o no hacer y
lograr; limitaciones que nosotros mismos nos encar-
gamos de adoptar acerca de nuestros talentos y habilidades. Identifica tres creencias que tengas acerca de
tus propias capacidades que te están deteniendo de
alcanzar tus metas:

a. _____

b. _____

c. _____

2. El temor es una de las actitudes más limitantes
que existe. Lo peor de todo es que, en muchas ocasiones, aquello que tememos carece de bases y no
es más que una mentira que aparenta ser real. Pese
a ello, el miedo que nos produce es tal, que logra pa-
ralizarnos. Identifica los tres temores que con mayor
frecuencia experimentas en tu diario vivir:

a. _____

b. _____

c. _____

3. Los temores y limitaciones que acabas de identificar te debilitan y te cohíben de utilizar tu verdadero potencial. Determina qué acciones tomarás a partir de hoy para eliminar estas actitudes limitantes:

a. _____

b. _____

c. _____

04.
VACAS DE DIFERENTES COLORES

"Mi vaca era: 'No quiero empezar hasta no sentirme totalmente seguro'. Esa idea me daba la tranquilidad de creer que estaba siendo responsable. Sin embargo, su verdadero efecto era impedirme realizar cualquier proyecto esperando que surgiera el momento propicio o que se dieran todas las condiciones para ponerme en marcha. Ahora me doy cuenta de que, si espero que se den las circunstancias ideales para convertir mis planes en hechos, nunca emprenderé nada. Con La Vaca aprendí que hay que actuar".

—Daniel Mendoza, Buenos Aires, Argentina.

Hace algún tiempo un viejo amigo que creció en una granja situada en el oeste del Estado de Pennsylvania me compartió la descripción más gráfica y exacta que he escuchado para explicar por qué muchas personas no son conscientes de sus excusas. En un lenguaje digno de todo un granjero me dijo: "El problema, Camilo, es que los cerdos no saben que ellos huelen mal". —Supongo que las vacas tampoco—.

De vez en cuando alguien se me acerca durante alguna de mis presentaciones y con absoluta certeza me dice: "Dr. Cruz, he estado pensando acerca de lo que usted acaba de decir y he llegado a la conclusión de que yo no tengo ninguna vaca". Siempre que escucho algo así recuerdo la coloquial expresión de mi amigo el granjero y procedo a compartirle a mi interlocutor algunas ideas para asegurarme de que no se le haya quedado escondida ninguna vaca en algún lugar de su mente.

Eso es precisamente lo que quiero hacer en este capítulo: compartir contigo algunas de las vacas más comunes para que aprendas a reconocerlas y, si también las tienes, te deshagas de ellas. Verás que las vacas vienen en una gran diversidad de colores y matices.

1. LAS VACAS DEL "YO ESTOY BIEN":

* Yo estoy bien... Hay otros en peores circunstancias.

* Odio mi trabajo, pero hay que dar gracias que siquiera tengo algo.

* No tendré el mejor matrimonio del mundo, pero al menos no nos peleamos todos los días.

* No tendremos mucho, pero tampoco es que nos acostemos con hambre.

* Apenas pasé el curso, pero siquiera no lo perdí. Quizá sea hora de aceptar que no soy tan inteligente como los demás.

El gran peligro con decir que "yo estoy bien" es que, quien piensa que está bien y se encuentra a gusto con su condición, no ve ninguna razón para mejorar. Recuerda la idea mencionada en el capítulo anterior: el mayor obstáculo para lograr el nivel de lo extraordinario es contentarnos con lo bueno.

Cuando encuentras cómo justificar tu mediocridad, terminas por aceptar condiciones de vida que jamás hubieras permitido si no contaras con semejante excusa. Para Laura Dante, quien reside en los Estados Unidos, su vaca era: "No puedo dejar este trabajo, empezar de cero nuevamente y arriesgarme a no encontrar nada mejor".

Según ella, este temor la mantenía atada a un empleo mediocre, plagado de problemas y peligros para su salud física y mental. Lo peor de todo es que, después de diez años en esa empresa, ella había comenzado a aceptar que quizás ese trabajo sería su futuro para el resto de sus días.

"Cuando me di cuenta de que mi vaca era el miedo —dice Laura recordando aquel momento en que tomó una decisión que cambiaría su vida— me convencí de que el trabajo que tenía se había convertido en una atadura que no me permitía explorar nuevos horizontes y decidí renunciar. Sabía que, si no lo hacía, estaría atrapada en aquel callejón sin salida por siempre. No fue fácil tomar la decisión porque no estaba 100% segura de que fuera la mejor manera de proceder, pero a pesar de todo renuncié.

Fue lo mejor que hice. Hoy soy una persona feliz; estoy bien de salud y el estrés que sufría ha desaparecido casi por completo. Pero lo más interesante es que he podido ver que mis temores no tenían ningún fundamento. De hecho, he recibido mejores ofertas de trabajo e incluso logré tomarme un mes de vacaciones, cosa que no había hecho en largo tiempo por temor a tener problemas económicos".

La historia de Laura es un ejemplo de cómo una sola vaca genera toda una serie de emociones negativas que te paralizan y sabotean tu éxito. La buena noticia, y quizá la lección más significativa, es saber que, cuando te deshaces de tu vaca, logras cosechar no uno, sino múltiples resultados positivos.

2. LAS VACAS DE "LA CULPA NO ES MÍA":

* Mi mayor problema es la falta de apoyo por parte de mi pareja.

* Si mis padres no se hubiesen divorciado, quizá yo no tuviese tantos complejos.

* Lo que pasa es que mi esposa es muy negativa.

* Es que en este país no hay apoyo para el empresario.

- Yo tengo buenas intenciones, pero con esta economía pues... ni modos.

- No tuve profesores que me motivaran para salir adelante.

La vaca que más estorbaba a Luis Fernando Vanegas, un joven empresario colombiano, era creer que él necesitaba la aceptación incondicional de su familia para salir adelante. "Siento como si siempre hubiera estado sometido a la voluntad de mis padres, familiares y amigos" —dice Luis Fernando refiriéndose al hecho de que muchas de sus vacas fueron obsequios de otras personas.

"Siempre que iba a comenzar un proyecto estaba seguro de que recibiría críticas, consejos y sugerencias —vacas— de estos 'expertos':

'No sea torpe, ¿cómo va a dejar ese trabajo que tiene para aventurarse a algo nuevo? No sea desagradecido, piense en todas las personas desempleadas que hay. ¿Cómo va a mantener a sus hijos? ¿Usted qué sabe de negocios? Es mejor un trabajo aburrido que no tener empleo'.

¿Se imagina recibir todas estas vacas de manera constante?

Yo siempre había querido tener mi propio negocio. Pero, como si no fuera suficiente con todas las vacas que recibía de mi entorno, me encontraba en una situación que llegó a convertirse en el peor de todos los obstáculos: tenía un trabajo aceptable —una vaca mayor— que me proveía estabilidad, un buen salario y un jefe inigualable. Así y todo, mis aspiraciones eran mucho más altas que las que ese empleo me brindaba. Enseguida maté mi vaca y me lancé a empezar mi propia empresa haciendo oídos sordos a las críticas. Todo salió mejor de lo proyectado, al punto que muchos de los mismos amigos que quisieron disuadirme de empezar esta aventura ahora me animan a seguir adelante y expandirme. Supongo que hay cosas que nunca descubrirás a menos que tomes ciertos riesgos".

3. LAS VACAS DE LAS FALSAS CREENCIAS:

* Como mi papá era alcohólico, con seguridad yo también voy para allá.

* Yo no quiero tener mucho dinero porque la riqueza corrompe.

* Entre más tiene uno, más esclavo es de lo que adquiere.

* Como no fui a la universidad, seguramente no lograré mucho en la vida.

Estas suelen ser vacas muy peligrosas puesto que las falsas creencias son mentiras que por alguna razón hemos aceptado como verdades.

Después del gran éxito de su película *Rocky*, durante una entrevista que le hicieron a Sylvester Stallone le preguntaban acerca de una frase en particular de la película. En esta escena *Rocky* dice: "Mi padre, quien la verdad no era demasiado inteligente, solía decirme: 'Como Dios no te dio mucho cerebro, vas a tener que aprender a utilizar el resto de tu cuerpo'".

Stallone, quien escribió el guion para la película, decía que esto fue algo que él mismo escuchó de su padre muchas veces y que por muchos años lo frenó para ver su verdadero potencial. Él cuenta que solo comenzó a triunfar cuando logró deshacerse de esa creencia limitante y empezó a confiar en sí mismo.

Curiosamente, en esta misma escena, Adriana, su futura esposa en la película, le responde: "Mi mamá solía decirme lo contrario: 'Como Dios no te dio mucho cuerpo vas a tener que aprender a utilizar el cerebro'".

Creer en ti mismo no es más que darte cuenta del potencial que se encuentra en tu interior, declararlo, aceptarlo y comenzar a utilizarlo. Eso es precisamente lo que espero que tú hagas al leer este libro. De lo contrario, las falsas creencias te condenarán a la mediocridad si les permites crecer y desarrollarse sin que las cuestiones. Si crees que vales poco o que no mereces mucho, ten la seguridad de que la vida se encargará de que recibas justo lo que crees merecer. Sin *embargo*, si desechas esta idea y reconoces tu valor real, verás cómo todo comienza a cambiar.

Roxana Reyes, una joven costarricense que me escribió después de leer *La Vaca*, no creía que mereciera el trato que su pareja le daba. "Cuando leí que las vacas no eran personas, creí que mi caso era la única excepción. La actitud negativa de mi pareja —con quien llevaba poco menos de un año— me causaba mucho dolor. Mi autoestima era muy baja en esa época.

Luego comprendí que la verdadera vaca no era mi novio, sino creer que me hallaba condenada a esa relación, así que decidí terminarla y seguir adelante. He decidido nunca volver a conformarme con menos de lo que creo merecer".

4. LAS VACAS DEL PERFECCIONISMO:

Me gustaría hacer más ejercicio, pero es una lástima que no haya un buen gimnasio cerca de donde vivo.

* No quiero empezar nada nuevo hasta no estar bien segura de que podré dar el 100%.

* Quisiera leer más, la cuestión es que no tengo tiempo; y para hacer algo a medias, mejor no hacerlo.

* No he querido comenzar hasta que no sepa cómo hacerlo a la perfección.

Siempre he creído que el perfeccionismo es una de las peores vacas que existen. La razón es muy simple: viene disfrazada de un aire de virtud que la hace parecer más un don que un mal hábito. Escucha como suena la vaca del perfeccionismo: "¡Si vamos a hacer algo, o lo hacemos bien o mejor no hacemos nada, porque esa es la clase de persona que yo soy!"

¿Quién va a querer discutir frente a ese argumento?

Por el contrario, esta afirmación suena a persona responsable, a entrega y excelencia. El problema es que casi siempre termina convirtiéndose en una excusa limitante y paralizadora debido a que nunca estarás totalmente preparado para actuar con el grado de perfección que desearías.

La única manera de matar esta vaca es entendiendo que, para aprender a hacer algo bien, necesitas atreverte a comenzar aun sin tener ninguna experiencia y sabiendo que es posible que, en un comienzo, no lo harás tan bien. En otras palabras, el verdadero lema debe ser: "Si hay algo que vale la pena hacer, vale la pena empezar a hacerlo ya, así sea pobremente, hasta que aprendas a hacerlo bien. Lo importante es empezar a hacerlo hoy mismo, con lo que tengas y donde te encuentres".

José Miguel Rodríguez, quien me escribió desde México, se considera una persona perfeccionista: "¡Siempre exijo calidad en todo! En las cosas que compro, en los servicios que contrato y en el comportamiento de quienes me rodean. Y con quien soy más exigente es conmigo mismo; además, siempre demandé el mismo nivel de excelencia de mi esposa y mis hijos. En una época, llegué a presionar tanto a mi hijo para que hiciera todo tan perfecto que la única retroalimentación que recibía de mí eran mis regaños, mis críticas y comentarios ásperos sobre sus faltas y errores. Todo esto comenzó a afectar nuestra relación ya que, como es apenas obvio, yo lo mantenía en un estado constante de estrés. Finalmente comprendí que no necesito de la vaca del perfeccionismo para que mis hijos entiendan la importancia de hacer todo con excelencia. Ellos han comenzado a aprender por sí mismos que nunca deben contentarse con la mediocridad, y esa es la mejor lección de todas".

5. LAS VACAS DE LA IMPOTENCIA:

- Lo que sucede es que yo nunca he sido bueno para eso.

- Seguramente el éxito no es para todo el mundo.

- Mi gordura es un problema genético. No hay nada que yo pueda hacer.

- Lo que uno no asimila de niño es muy difícil aprenderlo de adulto.

◆ Mi problema es que soy muy tímida. Creo que es cosa de familia porque mi madre también era así.

La gran mayoría de las limitaciones que creemos tener son ideas absurdas acerca de nuestras propias habilidades. Uno de los primeros testimonios de superación que recibí después de la publicación de la primera edición de este libro fue de Rodrigo, un joven que me escribió desde Argentina para compartir su historia personal de éxito. Es posible que su vaca no parezca tan significativa o trascendental para alguien que esté buscando sobreponerse a una adicción o tratando de dejar una relación abusiva, pero quiero compartirla porque creo que es un gran ejemplo de lo que sucede cuando permitimos que la vaca de la impotencia tome control de nosotros.

La vaca de Rodrigo era: "Soy un pésimo bailarín —según él, bailar no era una de sus habilidades naturales—. Pero después de leer su libro comprendí que, a menos que hiciera algo al respecto, mi destreza para el baile nunca mejoraría. Así que tomé la decisión de registrarme en una clase de salsa, un ritmo nuevo para mí; debo confesar que las primeras clases fueron bastante incómodas. Me tomó un tiempo relajarme y soltar las piernas; pero, una vez lo hice, comencé a disfrutar esta actividad como nunca pensé que fuera posible. Ahora creo que lo hago bastante bien".

Si algo debe enseñarte la historia de Rodrigo es a no aceptar ninguna limitación sin cuestionarla.

En cierta ocasión estaba hablando con un grupo de jóvenes sobre este tópico y, para asegurarme de que la idea quedara totalmente clara, le pregunté a uno de ellos qué tan bueno era él con los lanzamientos desde la línea de tiro libre. Sin siquiera pensarlo me respondió:

—"¡No, no yo! ¡Yo no soy bueno para el básquetbol!".

—¿Has jugado mucho? —le pregunté intuyendo su respuesta.

—No. ¡Nunca!

—Entonces cómo sabes que no eres bueno para eso. A lo mejor tienes una habilidad natural para el básquet o tal vez descubras que es mucho más fácil de lo que piensas.

No podemos asumir que no somos buenos para algo que nunca hayamos hecho. Solo aprendemos y adquirimos experiencia haciendo; no cuando pensamos en hacer, planeamos hacer o hablamos sobre lo que debemos hacer, sino cuando hacemos. La única manera de matar la vaca de la impotencia es actuando, convirtiéndonos en personas de acción.

Cuando estaba escribiendo esta sección y pensaba acerca de Rodrigo y de su pobre destreza para el baile, y en el joven estudiante que no confiaba mucho en sus habilidades para el básquetbol, me encontré con un proverbio inglés que creo es la raíz de muchas bajas expectativas. De manera bastante cínica este adagio pone de manifiesto el porqué muchos no están dispuestos a asumir riesgos y permiten que la vaca de la impotencia los ciegue ante su propio potencial. Dice: "Es mejor permanecer callado y dejar que los demás piensen que somos tontos, que hablar y borrar toda duda al respecto".

Lo trágico acerca de esta idea, por supuesto, es que asume que no tenemos ningún talento; que nada bueno va a resultar si hacemos un intento y que lo único que lograremos será hacer el ridículo y quedar mal ante los demás. Esto era lo que no le permitía a Rodrigo actuar hasta que al fin decidió deshacerse de su vaca y decir: ¿Y por qué no?

6. LAS VACAS FILOSOFALES:

* Lo importante no es ganar sino competir, ¡Qué vaca!

* Si Dios quiere que triunfe, Él me mostrará el camino. Hay que esperar con paciencia.

* ¿Qué le vamos a hacer? Unos nacieron con buena estrella y otros nacimos estrellados.

* El problema en esta empresa es que no es lo mucho que uno sepa, sino a quien conozca. Y yo sé mucho, pero no conozco a nadie.

* El rico siempre es más rico y el pobre siempre es más pobre.

Yo las llamo vacas filosofales porque son un extraordinario ejemplo del esfuerzo tan grande que los seres humanos realizamos para asegurarnos de que nuestras excusas no suenen demasiado a... excusas.

Conozco a alguien que, para justificar por qué no ha ascendido en su carrera como debería, constantemente usa la famosa vaca, "no es lo que uno sepa, sino a quién conozca". Y esta idea no le deja ver que quizá la verdadera razón de su falta de progreso sea que no se ha preocupado por mantener sus conocimientos profesionales al día; que nunca toma la iniciativa para realizar actividades que estén fuera de la descripción de su cargo; que siempre es el primero en salir de la oficina todas las tardes. Para él su estancamiento profesional es el resultado de no tener los contactos apropiados en su empresa, ni un "padrino" que le ayude a ascender.

A Carla Ceballos, una joven salvadoreña, su vaca de que "lo importante no es ganar o perder sino competir" le parecía una buena filosofía de vida. Y es que, a menos que la examines con cuidado, esta vaca tiene rasgos nobles. Pero mira las implicaciones de cargar con ella.

¿Cómo lograrás aprender a utilizar tu potencial al máximo si piensas que no hay mayor diferencia entre ganar y perder?

En cierta ocasión, un asistente a una de mis charlas me reconvino por el hecho de hacer tanto énfasis en la importancia de triunfar. Lo curioso es que su reproche encontró la aprobación de otros —no me sorprendió ya que en nuestra sociedad no todos ven con buenos ojos la actitud de querer triunfar y ser cada vez mejor—. Recuerdo que entonces decidí preguntarle a la audiencia: "Si lo importante no es ganar o perder, ¿a cuántos de ustedes no les molestaría demasiado perder en el juego de la vida?" Sobra decir que ninguna persona levantó la mano, ni siquiera la que había hecho el comentario.

¿Si ves? Si todo lo que estás perdiendo es una partida de ajedrez, quizá perderla no tenga mayor importancia, pero cuando son tus sueños y tu felicidad los que se encuentran en juego, no creo que aceptarías tan tranquilamente la posibilidad de perder.

El mayor problema con este tipo de ideas es que una vez que las aceptas en cualquier área, pronto tiendes a adoptarlas en otras. Además, antes de apurarte a adoptar cualquier idea o doctrina, considera la fuente de la cual provino. ¿Quién crees tú que fue la primera persona que utilizó el famoso "lo importante no es ganar o perder sino competir"? Supongo que un perdedor. Sin lugar a dudas, esta idea es un monumento a la mediocridad.

Sin quererlo, Carla había caído víctima de una vaca que le daba el consuelo de saber que el verdadero mérito estaba en haber intentado algo, lo cual, como ella misma anota: "Limitaba mi esfuerzo y espíritu de lucha". Hoy Carla ha matado su vaca del conformismo. Cuando los resultados no son los que ella espera, lo intenta de nuevo, cambia de estrategia, pide ayuda o hace lo que sea necesario para lograr los objetivos que se ha propuesto. ¡Bravo!

7. LAS VACAS DEL AUTOENGAÑO:

* El día que decida dejar de fumar, lo dejo sin ningún problema; lo que sucede es que no he tomado la decisión.

* No es que me guste dejar todo para el último minuto; la cuestión es que yo trabajo mejor bajo presión.

* Yo no soy gordo; simplemente soy de contextura gruesa.

* No creo que esté abusando físicamente de mis hijos, sino que en estos tiempos hay que tener mano dura para criarlos bien.

* ¿Cuál alcoholismo? Son solo unos tragos de vez en cuando.

¿Encuentras un denominador común entre esas expresiones? Todas son disculpas que la gente utiliza para autoengañarse y creer que todo está bajo control; que no tiene ningún problema o que, si lo tiene, es algo menor o que está fuera de su control. Muchas de estas excusas reflejan falta de voluntad para eliminar malos hábitos como el cigarrillo, el alcoholismo, la drogadicción o comer compulsivamente.

Desde México, Carmen Martínez cuenta cómo para ella su problema era la gordura. Para evadir esta realidad, Carmen se había inventado toda una serie de vacas que la ayudaban a no sentirse tan mal: "Yo no soy una persona obesa, sino un poquito pasada de kilos", "Lo mío es genético", "No hay nada que pueda hacer pues yo vengo de una familia de gordos y por lo tanto esa es mi tendencia".

A pesar de todo, ninguna de estas justificaciones lograba hacerla sentir mejor. Carmen entendió que, mientras tuviera a quién o a qué echarle la culpa por su gordura, no iba a perder los kilos necesarios para sentirse bien y gozar de un mejor estado físico. Así que decidió actuar.

"Decidí eliminar esa vaca para siempre y hoy estoy haciendo natación y gimnasia acuática. También estoy comiendo de forma balanceada y sé que lograré mi objetivo. Me siento mejor emocional y físicamente y estoy segura de que pronto luciré como yo quiero".

VACAS A LA CARTA

A lo largo de todo el libro he compartido algunas de las más de diez mil historias que recibí de personas que finalmente eliminaron sus vacas. Ellas quisieron que su experiencia personal de superación les sirviera de ejemplo a otros y accedieron a que estas fueran publicadas con su nombre y país de origen. No obstante, muchas otras prefirieron permanecer anónimas, pero también deseaban que su decisión de matar sus vacas les sirviera de inspiración a otras personas. Por eso he querido terminar este capítulo compartiendo otras vacas enviadas por latinoamericanos residentes en distintas partes del mundo; vacas que murieron como resultado de la lectura de esta metáfora.

Espero que estas historias te motiven a deshacerte de tus propias vacas y a vivir libre de limitaciones.

Vaca mexicana: "Yo cargaba con la terrible vaca de 'no merezco tener nada'. Una vaca que había heredado de mi madre. Ella nació pobre, vivió pobre y siempre será pobre. Mi padre, por el contrario, nació pobre, pero se superó muchísimo, lo cual, como era de esperarse, siempre creó muchos conflictos entre ellos. Mis hermanos y yo crecimos pensando que lo mejor era no aspirar a tener mucho. Este año, después de matar mi vaca de la pobreza, compré un automóvil, obtuve un crédito para la compra de una casa nueva y estoy considerando la posibilidad de iniciar un negocio. Me aterra pensar que esta vaca pudo haberme mantenido atada a la pobreza toda mi vida".

Vaca española: "Por alguna razón, siempre creí que el destino era algo que le sucedía a uno y sobre lo cual nadie tenía ningún control. Después de leer esta historia he comprendido que soy el dueño de mi destino y que tengo capacidad de elegir en cualquier momento. Esto me ha permitido ser más tolerante en mis relaciones personales, disfrutar mi presente a plenitud y encarar el futuro con una visión más optimista".

Vaca estadounidense: "Mi vaca era mi buena posición laboral. Un trabajo que cualquiera envidiaría a pesar de que a mí ya no me entusiasmaba. Durante un largo año cargué con las siguientes vacas: 'Pero si este es el mejor trabajo', '¿Qué más quiero?', 'Aquí está mi futuro'. Aún así, nada de esto me llenaba y cada vez me sentía más vacía interiormente. Un buen día, cansada de cargar con estas vacas, decidí renunciar a mi empleo y empecé mis estudios de postgrado, algo que siempre había soñado hacer. Hoy, estoy aprendiendo inglés y tengo frente a mí un futuro lleno de posibilidades y, por supuesto, me ocupo de continuar matando las demás vacas que van apareciendo en el camino".

Vaca japonesa: "Soy una extranjera que vive en Japón. Uno de mis mayores obstáculos ha sido el no dominar aún el idioma. Algunos familiares me dicen que ya es tarde para aprenderlo y que, dada esta limitante, lo mejor es trabajar en lo que sea para sobrevivir. Después de leer el libro me doy cuenta de que yo acepté esta vaca por no llevarle la contraria a mi familia y por evitar problemas con ellos. Esta historia es una joya que me ha ayudado a reflexionar mucho acerca de cómo sacar a relucir a la persona que en verdad soy".

Vaca puertorriqueña: "Curiosamente, mi vaca — el alcoholismo de mi padre— no era en realidad mía, era una vaca adoptada. Este vicio de mi papá me llevó a crecer con muchos complejos. Siempre lo culpé a él por mis fracasos. Menos mal me di cuenta a tiempo de que la única persona responsable por mi vida soy yo misma. Por lo tanto, decidí asumir esa responsabilidad, dejar de buscar culpables por mis caídas y salir tras mis metas".

Vaca ecuatoriana: "Yo era de las personas que solía decir: 'Fumar no me hace adicta; yo este mal hábito lo dejo cuando quiera, lo que pasa es que no he tomado la decisión de dejarlo. Eso es todo'. Esa era mi vaca, pero la verdad es que no era así. Todos los días encontraba una excusa para no dejar de fumar. Después de leer esta historia entendí que la vaca del autoengaño me estaba proporcionando la falsa idea de que yo tenía el control, pero encontré la fuerza necesaria para dejar esta adicción y ya llevo un par de meses sin fumar".

Vaca venezolana: "La vaca de la falta de tiempo es sin lugar a dudas una de las más comunes. Siempre que dejaba de hacer algo importante afirmaba que era por falta de tiempo. Esta vaca me robó una gran cantidad de oportunidades que me pasaron de largo. Maté mi vaca aprendiendo a planear y programar bien el día. De esta manera realizo todo aquello que deseo y necesito hacer. Como resultado de esta decisión hoy gozo de la paz interior y de la tranquilidad de saber que he llevado a cabo aquellas actividades prioritarias en mi vida".

Vaca colombiana: "Mi vaca era bien específica: '¡Yo no sirvo para las ventas! Soy ingeniero; eso fue lo que estudié y es en lo que siempre me he desempeñado'. Esta vaca no había sido mayor problema hasta que se presentó una excelente oportunidad en el departamento de ventas de la empresa donde trabajaba. Fue así como hablé con el gerente y le informé que estaba dispuesto a aprender lo que fuera necesario. Y a pesar de mi inexperiencia en el área comercial, acepté el reto de esta nueva posición. Hoy, no solo he descubierto que soy excelente para las ventas, sino que creo que encontré mi verdadera vocación".

Recuerda que lo único que tienen en común todas las vacas a las cuales me he referido en este capítulo es que perpetúan el conformismo. Matar tus vacas comienza por eliminar todas estas expresiones de tu vocabulario; y sobre eso, tú tienes control absoluto. Es tu decisión.

PLAN DE ACCIÓN

Como ves, las excusas y limitaciones se manifiestan de diferentes maneras. Sin embargo, todas ellas tienen algo en común: te mantienen atado a una vida mediocre. Identifica tu vaca más común en cada una de las siete categorías y toma la decisión de eliminar todas estas expresiones de tu vocabulario:

1. Las vacas de "Yo estoy bien":

_____

_____

_____

2. Las vacas de "La culpa no es mía":

_____

_____

_____

3. Las vacas de las falsas creencias:

_____

_____

_____

4. Las vacas del perfeccionismo:

_____

_____

_____

5. Las vacas de la impotencia:

_____

_____

_____

6. Las vacas filosofales:

_____

_____

_____

7. Las vacas del autoengaño:

_____

_____

_____

05.
MAMÁ, ¿DE DÓNDE VIENEN LAS VACAS?

"Siempre supe que necesitaba hacer más ejercicio, pero me las ingeniaba y encontraba excusas para no hacerlo. Mi vaca favorita era: 'No tengo tiempo'. Con frecuencia me hallaba explicándoles a los demás sobre cómo mi horario, mi escuela y otras actividades sociales consumían cada minuto de mi día —aunque sabía que estaba exagerando—. Contaba con toda una colección de vacas muy creíbles: 'No es que yo sea totalmente sedentaria', 'No tengo cómo pagar la membresía de un gimnasio', 'Estoy tan fuera de forma que antes de comenzar tengo que ir al médico para que me sugiera una rutina de ejercicio segura...'. Pero al fin me di cuenta de que solo me engañaba a mí misma. Vivía cansada así que decidí matar esta vaca y sacar el tiempo para empezar a mejorar mi salud. Ahora, después de varios meses de caminar, montar en bicicleta e ir al gimnasio, tengo más energía, he perdido peso, y lo más importante: me siento bien conmigo misma no solo por el ejercicio, sino por haber tenido el valor de deshacerme de mis excusas y haberme mantenido firme en mi decisión".

—Helen Owens, Ontario, Canadá

Nunca es nuestra intención dedicarle toda la vida al cuidado y mantenimiento de las vacas que otros nos han regalado, ni de aquellas que hemos recogido nosotros mismos a lo largo del camino. Tampoco adoptamos actitudes deliberadas, ni comportamientos mediocres con el único propósito de hacernos daño. Tan absurdo como suena, la gran mayoría de las excusas y creencias limitantes que adoptamos es el resultado de nuestras buenas intenciones pues, detrás de todo comportamiento, sin importar qué tan autodestructivo sea, subyace una intención positiva hacia nosotros mismos. No hacemos nada por el simple hecho de causarnos daño, sino porque creemos que, de alguna manera, obtendremos un beneficio de ello.

La persona cuya vaca es que "el día que decida dejar de fumar, lo dejo sin ningún problema... Lo que sucede es que aún no he tomado la decisión de dejarlo" utiliza esta forma de autoengaño para proteger su baja autoestima y ocultar su incapacidad para deshacerse de su adicción. Su vaca le da la sensación de ser ella la que está en control y, por lo tanto, la resguarda de tener que ver que es el mal hábito el que la controla a ella. ¿Te das cuenta del peligro de una vaca como esta? Literalmente, cargas con ella toda tu vida sin sentirte mal por tu impotencia, sin hacer nada para remediar tu situación.

Como esta, muchas otras creencias limitantes que arrastramos con nosotros son el resultado de buenas intenciones. Las utilizamos para salvaguardar nuestra autoestima. Una de ellas es la tan común idea de que "yo no sirvo para esto". No te imaginas la cantidad de personas para quienes esta idea se ha convertido en una respuesta casi automática ya sea en el trabajo, la escuela o el hogar.

¿Te suenan familiares algunas de las siguientes conversaciones?

—Carla: José, haz una presentación de cinco minutos frente a la clase sobre el tema que prefieras.

—José: ¡No, por favor, cualquier cosa menos eso! ¡Soy pésimo hablando en público! ¡Soy muy tímido!

◆

—Jorge: Mónica, llama a este cliente y le informas sobre nuestro nuevo producto.

—Mónica: ¡No, yo no sirvo para eso! ¡Soy terrible para vender! ¡Eso no es lo mío!

◆

—Amanda: Bueno Carlos, tú estarás encargado de escribir el informe.

—Carlos: ¿Estás bromeando? ¡Yo tengo cero habilidades para escribir! ¡Toda mi vida he sido malo escribiendo!

◆

Lo más triste es que muchos de los que aceptan sus supuestas falencias con demasiada prontitud, lo hacen sin saber a ciencia cierta si ellas son reales o no. Hace un par de años, durante una conferencia que dictaba en Venezuela, conocí a Francisco, uno de los más de cinco mil asistentes al evento. Recuerdo que antes de la presentación tuvimos la oportunidad de departir sobre algunas de las debilidades que en ocasiones nos limitan. Con obvia dificultad, Francisco me confesó que su extrema timidez no le permitía hablar cómodamente en público, ni por pequeño que fuera el grupo, y que la posibilidad de superar esta gran limitación había sido su mayor motivación para estar allí ese día.

Según él, la ansiedad y el pánico eran tan fuertes que de inmediato comenzaba a sudar, no lograba enfocar sus pensamientos y, en ocasiones, hasta ni era capaz de pronunciar una sola palabra. Y aunque estos casos son inusuales, para quienes los sufren, suelen representar una vida llena de frustraciones.

Después de escucharlo le dije que necesitaría su ayuda un poco más tarde y, aunque no le expliqué de qué se trataba, él accedió con gran amabilidad. Sin entrar en más detalles, le solicité que se sentara en la primera fila.

Unos minutos después de haber comenzado mi presentación anuncie que iba a necesitar un voluntario de la audiencia. Algunas personas levantaron rápidamente la mano, pero yo llamé a Francisco quien sin duda alguna pensó que estaba viviendo su peor pesadilla. ¿Cómo me atrevía a llamarlo frente a toda esa gente después de lo que me había confesado solo unos minutos antes? Con gran dificultad, Francisco caminó los pocos metros que lo separaban del escenario. Debo confesar que sentí algo de compasión al verlo tan desconcertado, pero estaba seguro de que esa sería la mejor manera de ayudarlo a matar su vaca.

Mi objetivo era demostrar el poder de la autosugestión con un simple ejercicio: pedirle que hiciera una presentación sobre su negocio y sus ambiciones profesionales frente a toda la audiencia.

Empezamos despacio. ¡Su primer intento fue terrible! A duras penas yo, que me encontraba a solo unos pasos de distancia, podía escucharlo; era evidente que la audiencia ni siquiera se había percatado de que Francisco ya había empezado a hablar.

El segundo intento no fue mucho mejor que el primero, pero sí lo suficientemente audible como para que produjera un murmullo general y algunas risas que se hicieron sentir en todo el auditorio. Como estaba seguro de que esa reacción del público no había hecho mucho por fortalecer su confianza, decidí darle algunas ideas para inyectar un poco más de entusiasmo en su presentación. Vino otro intento, un par de sugerencias más, y una cuarta oportunidad.

Lo que sucedió después fue poco menos que milagroso. Diez minutos más tarde, Francisco, quien por más de cincuenta años había sido víctima de una timidez excesiva, estaba riéndose, haciendo bromas con la audiencia y realizando una presentación sobre su empresa que generó una multitud de aplausos. Sudaba y las piernas le temblaban un poco —algo que solo yo podía apreciar debido a que me encontraba junto a él. Aún así, Francisco estaba sonriente y no paraba de hablar. Incrédulos, muchos de los espectadores no se explicaban cómo era posible que tal cambio hubiese ocurrido en el transcurso de solo unos minutos.

Después del evento, tuve la oportunidad de compartir otros momentos con él. Obviamente emocionado, lo único que fue capaz de decirme fue: "No tenía ni idea que esa capacidad se encontraba dentro de mí".

¿Cómo es posible haber interiorizado creencias tan limitantes y no haber examinado nunca si son reales o no? ¿Cómo llega alguien a convencerse durante toda su vida de que posee ciertas debilidades y desventajas que un día descubre que no tenía, como en el caso de Francisco? ¿Cómo permitió él que se apoderaran de su mente estas absurdas ideas de lo que podía o no hacer?

Es increíble la manera tan sencilla y casi inconsciente como nos adueñamos de estas excusas. Aprendemos a hacer bien una tarea, una profesión o un oficio, disfrutamos haciéndolo, desarrollamos un talento especial para ello y después de algún tiempo pensamos: "Para esto es para lo que yo sirvo".

¿Te das cuenta lo que acaba de suceder? Al llegar a esta conclusión y admitirla como cierta, sin quererlo comenzamos a pensar que quizás ese es nuestro único talento, nuestro llamado en la vida, nuestra verdadera y única vocación. Asumimos que en ninguna otra área seremos tan efectivos como en esa y dejamos de desarrollar otros talentos y habilidades.

Comenzamos a ofrecer todo tipo de excusas —vacas—, encontramos múltiples razones —más vacas— para tratar de explicar nuestras limitaciones y hacemos afirmaciones tales como:

* Yo siempre he sido así.

* No nací con talento para semejante profesión.

* Yo no tengo el cuerpo ni las habilidades que se requieren para ese deporte.

- Nunca he sido buena en eso.
- Mi problema es que yo no poseo la personalidad adecuada.

Y así, inadvertidamente, generamos limitaciones que no nos permiten expandir nuestro potencial. No obstante, la verdadera dificultad está muy lejos de ser física, congénita o de personalidad. El problema real son los programas mentales que hemos guardado en el archivo de nuestro subconsciente y que actúan como mecanismos de defensa que nos ayudan a salvaguardar la imagen que tenemos de sí mismos. Pero todas son vacas porque, aunque no es que creamos que somos unos "buenos para nada", sí llegamos a convencernos de que solo somos aptos para una sola cosa y que lo demás es algo para lo cual no poseemos ningún talento.

La excusa de que "para esto es para lo que yo sirvo" nos da cierta tranquilidad puesto que nos deja ver que, por lo menos, para algo somos buenos. Y para reforzar aún más esa idea, repetimos con frecuencia que "no todo el mundo puede ser bueno para todo".

La gran verdad es que todos tenemos capacidades para ser buenos en muchas cosas a la vez. Más de las que estamos dispuestos a aceptar. Sin embargo, nunca lo descubriremos si antes no matamos esa vaca de que "para esto es para lo que yo sirvo".

De acuerdo con el Dr. Snyder, profesor de sicología clínica de la Universidad de Kansas, en los primeros años de formación escolar, cuando los niños empiezan a preocuparse sobre lo que los demás piensan de ellos, comienzan a asociar la crítica con el rechazo y esta es la razón por la cual adquieren el hábito de dar excusas en un esfuerzo por proteger su ego y su autoestima.

A lo mejor cuando tenías seis años te pidieron que pasaras a recitar un poema frente a la clase y tu profesor se rió o algunos compañeros se burlaron de ti, lo cual, como es de esperarse, te hizo sentir mal y desde ese momento dejaste de recitar o hablar en público. De esta manera evitabas pasar por más vergüenzas frente a tus compañeros de clase y te protegías de las críticas de los demás.

Luego, después de muchos años de permitir que esta vaca creciera y engordara en el establo de tu mente, llegaste a aceptar que hablar en público no era una de tus mejores aptitudes y que, simplemente, no tenías el talento para hacerlo. Por eso, cuando escuchas que no eres el único afligido por este mal, te da tranquilidad saber que no estás solo en esa batalla.

Y hoy, con cuarenta o cincuenta años de edad, cada vez que alguien te pide que realices una breve presentación en tu trabajo o te asigna cinco minutos para informar sobre el proyecto en el cual estás trabajando, respondes: "Mira, pídeme que haga cualquier otra cosa: si deseas, yo lo escribo y lo imprimo, me encargo de toda la investigación necesaria, pero no me digas que me pare frente a toda esa gente —que a lo mejor no son más de seis personas— y hable así solo sean esos cinco minutos porque en ese campo mis habilidades son cero".

Es posible que lleves más de treinta años sin intentarlo, ¡pero todavía asumes que tus aptitudes para esto deben ser las mismas que cuando tenías seis años! ¡Absurdo!

Así es como permites muchas veces que una vaca que se encuentra en tu mente desde hace muchos años, y que hoy tal vez haya perdido toda validez, te diga qué eres capaz de hacer y qué no.

Lo que quiero que entiendas es que muchas de las limitaciones que cargas actualmente no son físicas, ni tienen que ver con tu capacidad mental, ni con tus dotes, ni tu talento, sino con creencias limitantes que, en su mayor parte, son ideas erróneas acerca de tu verdadero potencial y de lo que te es o no posible.

Recuerda que, toda idea errada que mantengas en tu subconsciente por largo tiempo y que valides con tus acciones, funciona como una forma de autohipnosis. Esto es precisamente lo que les impide a muchas personas triunfar. A través de esta manera de autosugestión ellas han archivado en su mente una serie de falsas creencias e ideas que, quizás en cierto momento tuvieron alguna validez, pero ya no. ¿Cuál es el problema? Mientras estas ideas no sean desechadas, continuarán ejerciendo su efecto limitante desde lo más profundo de su mente subconsciente.

Ten presente que te convertirás en aquello en lo que pienses constantemente. He ahí el riesgo de permitir que pensamientos equívocos y errados encuentren cabida en tu mente. La buena noticia es que tú decides qué entra y qué no.

PLAN DE ACCIÓN

Muchos aceptamos nuestras debilidades con demasiada prontitud, sin saber a ciencia cierta si son reales o no, y sin detenernos a analizar si es posible convertir estas aparentes desventajas en fortalezas. Identifica y escribe las que consideras tus tres mayores debilidades en las áreas asignadas y luego selecciona una acción contundente que te permita convertir esta carencia en una fortaleza:

Mi debilidad en el área de las relaciones personales es:

_____

_____

Fortaleza correspondiente:

_____

_____

Mi debilidad en el área de la salud es:

_____

_____

Fortaleza correspondiente:

_____

_____

Mi debilidad en el área del manejo del tiempo es:

_____

_____

Fortaleza correspondiente:

_____

_____

Mi debilidad en el área de las finanzas es:

_____

_____

Fortaleza correspondiente:

_____

_____

Mi debilidad en el área profesional es:

_____

_____

Fortaleza correspondiente:

_____

_____

06.
CUANDO NUESTRAS VACAS SON OBSEQUIOS DE OTRAS PERSONAS

"Toda mi vida he estado rodeado de gente que busca influir en mis decisiones personales. En principio, uno entiende que ellos desean lo mejor para uno. El problema es que sus consejos se convierten en reproches, sus reproches en críticas y sus críticas en vacas que no te dejan salir adelante. Sin embargo, en ocasiones la situación llega a tal punto que, literalmente, debes alejarte de esos que intentan ayudarte con sus opiniones no solicitadas. Por esta razón decidí mudarme a otra ciudad. Suena un tanto drástico; pero, en determinado momento, tienes que decidir si vas a escuchar a los demás o vas a tomar el 100% de responsabilidad por tus decisiones. Mis amigos piensan que estoy loco, pero yo ya estoy empezando a ver los cambios positivos que vinieron como resultado de esta decisión".

—Enrique Esparza, California, Estados Unidos

Seguramente habrás escuchado el viejo adagio de que "a caballo regalado no se le mira el diente". Este popular refrán que nos recuerda que no debemos andar mirándole defectos, ni siendo malagradecidos con aquello que nos regalan tiene sus orígenes en el hecho de que, al revisarle los dientes a un caballo, es posible calcular su edad y su valor. Y pese a que esta es una práctica común al comprar un caballo, hacerlo con uno que te estén obsequiando es una total imprudencia. Después de todo, es un regalo. Deberías aceptarlo con agradecimiento y sin cuestionar.

Hasta ahí todo va bien, a menos que lo que quieran regalarte sea una vaca.

Al buscar de dónde provienen muchas de nuestras vacas, he hallado que una gran cantidad son obsequios que hemos recibido de otras personas. Después de todo, ¿qué es lo que más le gusta regalar a la gente?

—Te voy a dar un minuto para que lo pienses—. Si respondiste: "Consejos", acertaste.

Todos amamos dar consejos gratuitos, inclusive cuando no nos los han solicitado. Si no lo crees, la próxima vez que te encuentres con un grupo de amigos, compárteles alguna idea sobre un nuevo proyecto que estás deseando realizar y observa lo que sucede.

Si hay seis personas presentes, es casi seguro que recibirás seis opiniones distintas acerca de tu plan, acompañadas de sus respectivas recomendaciones y consejos personales —así en ningún momento hayas pedido opiniones al respecto—. Cada persona querrá hacerte un regalo: obsequiarte un trozo de su extensa sabiduría con las mejores intenciones. Es su manera de mostrarte todo lo que te aprecian.

Sería ofensivo rehusarse a aceptar sus sabios consejos. De manera que haces lo único admisible en tales circunstancias: escuchar con paciencia. Sin importar qué tan poco informados, calificados o totalmente errados sean sus consejos, tú haces lo que cualquier amigo haría en la misma situación, los escuchas a todos con cortesía y pretendes estar interesado en sus puntos de vista y en sus "críticas constructivas".

No obstante, ten mucho cuidado. No te sorprenda que, en algún momento, a lo largo de la conversación, tú también comiences a pensar que algunas de estas opiniones no calificadas tienen sentido. De repente, ya no estás tan seguro de tu plan, te creas alguna confusión y hasta comienzas a dudar de tus propias habilidades. Treinta minutos más tarde, tus amigos, conocidos e, inclusive perfectos extraños, se han marchado y tu plan de éxito yace en el suelo hecho trizas.

Media hora antes estabas totalmente seguro de todo lo que harías y de tu capacidad para llevarlo a cabo. Pero ahora, no dejas de pensar en los pronósticos pesimistas, las advertencias y las bajas expectativas que tus amigos sembraron en tu mente. Y entre más te empeñas en ignorarlos, más sentido parecen cobrar. En el "establo" de tu mente subconsciente ahora hay seis nuevas vacas que no estaban allí antes.

No hace mucho tiempo me ocurrió algo muy similar a lo que acabo de describir. Por supuesto, yo ya he aprendido a no recibir ningún "caballo regalado" sin asegurarme de mirarle antes el diente. Aquella vez compartía con un amigo un nuevo proyecto en el cual estaba a punto de embarcarme cuando de repente él me interrumpió y me dijo:

—"Camilo, sé que no me estás preguntando, pero déjame darte un consejo".

—¡Un momento! —Dije de inmediato. Tiempo atrás lo hubiese escuchado sin interrumpirle— Antes de que me digas cualquier cosa, déjame preguntarte algo.

—Bueno, adelante —respondió mi amigo un tanto sorprendido ante mi rápida reacción, y yo procedí a implementar mi estrategia de las tres preguntas.

Mi primera pregunta es: el consejo que vas a darme ¿es producto de tu experiencia personal en este campo? La razón por la cual prefiero indagar a este respecto antes de escuchar cualquier consejo es porque muchas veces la gente tiene la tendencia a hablar como si tuviese experiencia en lo que está diciendo cuando en realidad sus opiniones son solo el producto de suposiciones, chismes, fragmentos de conversaciones y recuerdos vagos de ideas que alguien más le compartió.

Solo si la respuesta es afirmativa, paso a mi segunda pregunta: ¿Tuvo tu experiencia resultados positivos?

Algunos comparten sus fracasos, frustraciones y desengaños como si contuvieran grandes enseñanzas, lo cual no siempre es cierto. ¡Cuidado! Si quieres empezar un negocio y alguien te quiere persuadir de no hacerlo apoyado en el hecho de que él ya ha intentado varios negocios y ha fracasado en todos, no asumas que eso lo hace un experto en el área de los negocios. No te confíes de que sus fracasos te puedan brindar algún conocimiento o experiencia provechosos. Si él no ha triunfado en los negocios, no te puede enseñar a ti cómo hacerlo.

Entonces, si mi interlocutor pasa esta segunda prueba, prosigo con mi última pregunta: ¿Estás seguro de que esta sugerencia que me quieres compartir me ayudará a afrontar mejor mi proyecto? Es importante que mi interlocutor sepa que lo que está a punto de expresar tiene la posibilidad de influir en mayor o menor grado sobre mi visión y expectativas. Tristemente, el interés de muchos no es ofrecer un consejo pertinente y provechoso, sino contaminar nuestra mente con dudas, sarcasmos, inseguridades o prejuicios que no contribuyen a ningún propósito.

Quizá fue esto lo que dio origen a aquella sabia sentencia que indica que "si no tenemos nada bueno que decir, es mejor no decir nada".

¿Qué crees que dijo mi amigo después de escuchar estos tres interrogantes? ¡Exacto! Lo pensó por un minuto y luego me dijo:

—"¡Olvídalo!"

Es posible que pienses que fue un poco rudo de mi parte no permitirle que me diera su opinión, ni expresara sus ideas. Después de todo, pude prestarle atención en silencio aparentando estar interesado y luego ignorar sus consejos. Sin embargo, prefiero no asumir el riesgo de exponer mi mente a las opiniones y expectativas negativas de los demás.

Permíteme decirte por qué: el peligro de escuchar sin reparos a cualquiera que esté dispuesto a darnos un consejo está en que, una vez ese consejo ha sido plantado en tu mente, te conviertas en su esclavo. Esa idea es como una pequeña semilla que cae en el jardín de tu subconsciente a la que no le prestas atención porque no crees que te va a hacer ningún daño; pero, si germina y resulta ser una idea errada e imprecisa, y le has permitido que crezca y se desarrolle, te generará temores, dudas e inseguridades que afectan tu visión, expectativas y creencias acerca de tus propias habilidades. Puede llegar inclusive a arruinar tu vida. Por eso necesitas tener tanto cuidado, no solo con lo que dices, sino también con lo que escuchas. Nunca te expongas a ideas negativas creyendo que estás siendo un oyente pasivo y que lo que escuchas no te está causando daño alguno.

De hecho, la gran mayoría de las vacas que hoy te ata a la mediocridad comenzó como una idea de inofensiva apariencia que otros te obsequiaron. Cuando aceptas críticas y opiniones negativas sin cuestionamientos, es fácil caer víctima de las influencias nocivas de los demás y permitirles que siembren en tu mente falsas creencias que te limiten desde el punto de vista físico, emocional e intelectual.

Estas ideas, que te llegan de tus familiares, profesores, amigos e, inclusive, de perfectos desconocidos, terminan por hacerte creer que eres alguien sin mayores habilidades ni talentos y no una persona con capacidades extraordinarias. Por ello hoy te resulta difícil creer que posees el potencial necesario para triunfar y alcanzar grandes metas.

Otro tipo de idea, igualmente devastador, es cuando permites que las experiencias negativas del pasado determinen tu futuro.

Por supuesto que es importante aprender de los errores, pero sin permitir que los fracasos y las caídas del pasado te cierren para siempre las puertas de éxitos futuros. ¿Qué importa que hayas fracasado cinco veces en tus intentos por lograr una meta? Lo único que eso significa es que ahora conoces cinco maneras de no volverlo a hacer. No es que el universo esté conspirando para que desistas de tus propósitos, ni el destino ensañándose contigo, ni tampoco tu "característica" mala suerte.

Recuerda que el éxito es la consecuencia de las buenas decisiones y estas son el resultado de la experiencia, la cual a su vez muchas veces se deriva de las pobres decisiones. Todo es parte del proceso; la clave del éxito es no darte por vencido.

Este es quizás uno de los principios de éxito más importantes que he aprendido: el futuro no tiene por qué ser igual al pasado. Siempre estamos en posición de cambiar, aprender y crecer. Todos tenemos la capacidad de darle un vuelco total a nuestra vida en cualquier momento. Nadie está condenado a la mediocridad. Si hemos fracasado en el pasado, eso no quiere decir que siempre vayamos a fracasar.

Por eso es crucial que no olvides que todo lo que programes en tu mente determinará tus resultados, tu triunfo o tu fracaso. Ten presente que las creencias, valores y convicciones que recojas a lo largo del camino, y refuerces con tus acciones, forjarán la persona en la cual te convertirás.

Tristemente, cuando la mayoría de nosotros se gradúa de la escuela secundaria ya ha sido programada casi totalmente para la mediocridad. Suena duro, pero es cierto. De hecho, en su libro *Aprendizaje acelerado para el siglo XXI*, Colin Rose y Malcolm J. Nicholl presentaron los resultados de un estudio que mostró que más del 82% de los niños que entra a la escuela entre los cinco y los seis años de edad tiene una gran confianza en su habilidad para aprender. Pese a ello, a los 16 años el porcentaje que aún muestra este mismo nivel de confianza en sus propias habilidades se ha reducido a tan solo el 18%. Es inconcebible que durante los años de formación escolar, cuando deberíamos desarrollar nuestro potencial al máximo, adquiramos tantas limitaciones y falsas creencias acerca de nuestras propias habilidades. Y lo peor de todo es que de ahí en adelante nos acompaña una tendencia casi inalterable a aceptar la mediocridad en todas las áreas de nuestra vida.

"Tengo una relación infeliz, pero yo creo que así deben ser todas las parejas", "Quisiera empezar una nueva carrera, pero ya estoy demasiado viejo para cambiar. Además, jamás hice otra cosa", "Tengo un pésimo estado físico, pero según escucho en los medios, así está la mayoría de las personas". Estas y muchas otras expresiones denotan una aceptación de la mediocridad como alternativa viable.

Terminamos por aceptar relaciones que andan más o menos bien en lugar de buscar una relación de pareja extraordinaria. ¿Por qué? Porque desde jóvenes hemos aprendido que los matrimonios extraordinarios no existen, son casi imposibles o que, si no es una cosa es otra. Y así, muchas parejas viven durante años y hasta décadas en matrimonios mediocres porque no creen que sea posible cambiar esa realidad.

He aquí otro ejemplo. Si desde temprana edad escuchamos en casa que querer ganar mucho dinero es señal de codicia y produce infelicidad, y que lo más prudente es contentarse con lo poco que uno tiene porque "es mejor tener poco y ser feliz que querer tener mucho y ser infeliz", pues no debe sorprendernos que hoy tengamos apenas lo suficiente para sobrevivir.

La repetición constante de expresiones como estas hace que pronto las conviertas en programas mentales que te dicen cómo pensar y actuar. Con el tiempo, estas acciones se vuelven hábitos que poco a poco moldean tu destino.

¿Vas a permitir que sean estas vacas las que labren tu porvenir?

Recuerda el hermoso poema de Amado Nervo que dice:

"...Porque veo al final de mi rudo camino

que yo fui el arquitecto de mi propio destino;

que si extraje la miel o la hiel de las cosas

fue porque en ellas puse hiel o mieles sabrosas:

cuando planté rosales, coseché siempre rosas...".

El mensaje de Nervo es simple: si siembras un pensamiento negativo, cosecharás un pobre hábito. Siembra un pobre hábito y, en el mejor de los casos, cosecharás un futuro incierto.

PLAN DE ACCIÓN

1. Muchas de nuestras limitaciones son regalos que hemos recibido de otras personas a manera de consejos o
juicios. Identifica y escribe tres opiniones o advertencias
que hayas recibido en algún momento acerca de tus capacidades, y que el tiempo te haya mostrado que no fueron más que ideas erradas sobre tu verdadero potencial,
pero que por alguna razón aún permites que reposen en
tu interior:

a. _____

b. _____

c. _____

2. Otra fuente de grandes limitaciones es cuando permitimos que las experiencias negativas, los fracasos y las caídas del pasado determinen nuestro futuro y nos cierren
para siempre las puertas de la oportunidad de nuevos
éxitos. Determina y escribe qué fracasos has experimentado en el pasado que te han detenido de intentar algo
nuevo:

a. _____

b. _____

c. _____

3. Ahora que has identificado la fuente de algunas de tus limitaciones, decide y anota qué acciones tomarás a partir de este momento para erradicarlas y no permitir que vuelvan a tomar control de tu futuro:

a. _____

b. _____

c. _____

PARTE

2

CÓMO DESHACERNOS DE NUESTRAS VACAS

07.
LA ÚNICA MANERA DE MATAR TUS VACAS

"Después de leer *La Vaca* comencé un proceso de reflexión. Soy profesor y estoy casado desde hace treinta años; tengo tres hijos exitosos: una hija de 29 años, ingeniera química; un hijo de 27 años, oficial de la Fuerza Aérea; y el menor, que tiene 15 años y acaba de terminar la secundaria. Sin embargo, me he estado dando cuenta de que me preocupé más por mis alumnos que por mi familia. Mi vaca fue creer que ya les había dado a mis hijos todo lo necesario, en la medida de lo posible, pero olvidé lo más importante: afecto, ayuda espiritual y el tiempo necesario para escucharlos. Esta lectura me enseñó que nunca es tarde para empezar. No sé qué tanto vaya a vivir, pero el tiempo que me quede lo voy a vivir bien, con mi familia y conmigo mismo porque si no trabajo en mí mismo primero, cómo voy a ayudarles a los demás".

—**Ernesto Garineto, Monterrey, México**

Empecemos por entender que las vacas no existen en el plano de la realidad y que solo están en nuestra mente. Y tan reales y ciertas como parezcan, no son ni circunstancias actuales ("la situación de mi empresa es el resultado de la pobre economía de este país"), ni limitaciones físicas ("lo que me ha detenido de triunfar en los deportes es mi estatura"), ni otras personas ("mi problema es la falta de apoyo por parte de mi esposa"). Tus vacas son creencias que albergas en tu pensamiento. Pero estas ideas son solo eso: ¡ideas! ¡No hechos reales y definitivos!

Imagínate que tienes el sueño de ser un gran empresario, pero al mismo tiempo piensas que solo una persona con estudios universitarios —y tú no los tienes— tiene la opción de llegar a ser presidente de una multinacional. Sin embargo, el que lo creas no lo hace verdad. Ciertamente, tú tienes derecho a creer lo que quieras y hacerlo tu realidad, lo cual, sin duda, afecta tus expectativas y hace que vivas guiado por una mentira ya que hay miles de ejemplos que demuestran lo contrario.

De hecho, no importa qué tanta gente crea que algo es imposible, eso no significa que lo sea. Dicha opinión, por masiva y popular que sea, bien podría ser equívoca. Recuerda que durante muchos años la Humanidad pensaba que la Tierra era plana. Así que, no confundas opiniones con hechos. Además, ten presente que lo realmente importante no es qué tantas opiniones sean ciertas o erradas, sino más bien, si te fortalecen o te limitan.

Ahora, examinemos a fondo las tres clases de vacas que mencioné al comienzo del capítulo: las que provienen de las circunstancias; las que surgen a partir de las limitaciones físicas y las que involucran a otras personas. Veamos cuál es la diferencia entre un hecho real y una simple excusa.

VIENDO MÁS ALLÁ DE NUESTRAS APARENTES DESVENTAJAS

Empecemos con las circunstancias. Con frecuencia creemos que los fracasos y frustraciones son el resultado de circunstancias adversas fuera de nuestro control. Los desastres naturales, los cambios súbitos en las condiciones económicas, las calamidades y tragedias personales también nos presentan retos que forjan el carácter. Pero, cuidado, todos estos diversos contextos tienen el potencial de convertirse en vacas grandes y robustas.

Aún así, no son las circunstancias las que hacen a la persona —como muchas veces solemos creer—. Estas solo se encargan de dejar al descubierto su verdadero carácter. Todos llevamos en el pensamiento una idea de quienes creemos ser; los problemas y los incidentes difíciles simplemente se encargan de revelarnos y mostrarnos nuestro yo auténtico. Es ahí cuando descubrimos quienes somos realmente.

Un ejemplo de esto es la historia de vida de Jorge Federico Handel, uno de los grandes compositores de todos los tiempos. A pesar de no recibir ningún apoyo por parte de sus padres, Handel fue un prodigio musical. A los doce años de edad ya era asistente de organista en la catedral de su ciudad natal. Antes de cumplir veintiún años ya había compuesto dos óperas y en 1725, a sus cuarenta años, era mundialmente famoso.

Fue entonces que sus circunstancias comenzaron a cambiar. En varias ocasiones estuvo al borde de la bancarrota, y como si eso no fuera suficiente, sufrió un derrame cerebral que le dejó su brazo derecho paralizado y le causó la pérdida del uso de cuatro de sus dedos. Y a pesar de haber logrado recuperar su salud, estaba tan deprimido y consumido por las deudas que, simplemente, se dio por vencido. Dejó de componer y se dispuso a enfrentar un futuro miserable y nada prometedor.

Podríamos decir que, ya sea como resultado de circunstancias desafortunadas, o de decisiones poco acertadas, Handel se hizo a una gran cantidad de vacas que lo estaban condenando a una existencia mediocre. Así y todo, en el punto más bajo de su vida, cuando estaba devastado física, emocional y financieramente, le ofrecieron la oportunidad de escribir la música para un nuevo libreto basado en la vida de Jesucristo.

Handel pudo haber optado por negarse con un simple: "Estoy terminado" o "Es demasiado tarde". Tenía la alternativa de utilizar cualquiera de los muchos pretextos legítimos que estaban a su alcance para justificar su inactividad. Pero en lugar de elegir el camino que parecía más fácil, tomó la decisión de no permitir que circunstancias adversas continuaran dirigiendo su vida. En otras palabras, decidió matar la vaca que lo había mantenido atado a la mediocridad y, con renovado entusiasmo, retomó su labor creadora. Un mes más tarde ya había terminado un manuscrito de 260 páginas al cual tituló *El Mesías*, que en adelante no solo se convertiría en su obra más conocida, sino, según muchos, en el oratorio más hermoso que jamás se haya compuesto.

La lección es simple: o nos convertimos en víctimas de las circunstancias adversas que estemos enfrentando o triunfamos a pesar de ellas. Es nuestra decisión.

CUATRO MINUTOS QUE LE DIERON ALAS AL HOMBRE

Ahora hablemos de las limitaciones físicas. En mis presentaciones cito con frecuencia el siguiente ejemplo ya que ilustra a la perfección este punto.

Durante más de cinco décadas de competencia olímpica ningún atleta se había acercado a la marca impuesta en 1903 en la carrera de la milla. En aquella ocasión, Harry Andrews, entrenador olímpico del equipo británico, aseguró: "El récord de la milla de 4 minutos, 12.75 segundos nunca será superado". Esta marca había sido impuesta por el corredor británico Walter George en 1886 y, por los siguientes 17 años, ningún atleta había logrado siquiera superar los 4 minutos 15 segundos. Así que la probabilidad de correr algún día dicha prueba en menos de cuatro minutos era una gesta mucho menos factible. De acuerdo a muchos, esa era una hazaña imposible de realizar.

Los deportistas escuchaban de los llamados "expertos" una multitud de razones que respaldaban la afirmación hecha por Andrews. Incluso la comunidad médica les advertía a los atletas sobre los peligros asociados con intentar la absurda proeza de correr una milla en menos de cuatro minutos.

Fue solo hasta 1915, después de 29 largos años, que la marca impuesta por Walter George fue superada. Aún así, la nueva marca de 4 minutos, 12.6 segundos estaba aún muy lejos de los cuatro minutos. De hecho, quien más cerca estuvo de romperla fue Gunder Hägg, de Suecia, que, en 1945, cruzó la línea en 4 minutos, 1.3 segundos. Este nuevo resultado se sostendría durante casi una década. Los mejores atletas del mundo llegaban muy cerca de esta marca, pero ninguno lograba superarla. ¿Por qué? Porque nadie creía que fuese posible. De hecho, los médicos y científicos concluyeron que el logro de Hägg había sido una de esas osadías irrepetibles y advirtieron tajantemente que era imposible para un ser humano pretender correr una milla en menos de cuatro minutos ya que el cuerpo no soportaría tal esfuerzo y el corazón, literalmente, explotaría.

Todo cambió el día en que el joven corredor británico Roger Bannister hizo un anuncio público: él correría la milla en menos de cuatro minutos.

En realidad, la decisión de lograr tal hazaña era algo que le venía dando vueltas en su cabeza desde hacía ya dos años. En 1951, Roger capturó el título británico en la carrera de la milla y sintió que estaba preparado para la competencia olímpica. Pese a ello, por avatares de la vida, cambios de último minuto en el horario de las competencias de los Juegos Olímpicos de 1952 lo forzaron a competir sin suficiente descanso entre sus dos eventos y terminó en cuarto lugar. Como era de esperarse, el joven atleta debió soportar todas las críticas de la prensa deportiva británica, la cual tildó su estilo de entrenamiento como poco ortodoxo debido a su pobre actuación.

Al ver la multitud de críticas de las que fue objeto, el joven atleta resolvió reivindicar su nombre anunciando en público que rompería la aparentemente imposible barrera de los cuatro minutos. Todo el mundo pensó que había perdido la cabeza: la prensa deportiva, la comunidad médica, ¡todos!

El tiempo pasó y, después de varias caídas y decepciones, su oportunidad llegó el 6 de mayo de 1954, durante una carrera en la Universidad de Oxford en la que Bannister corría en representación de la Asociación Británica de Atletas Aficionados. Ese día él logró lo imposible: correr la milla en menos de cuatro minutos y sobrevivir a ella. El mito se había roto— una vaca acababa de morir.

Cuando la noticia le dio la vuelta al mundo sucedió algo sorprendente: 37 atletas superaron esa misma marca en menos de un año y al final del siguiente año más de 300 atletas ya habían registrado tiempos por debajo de los cuatro minutos. Hoy, inclusive estudiantes de escuela secundaria rompen con facilidad el récord de los cuatro minutos en la carrera de la milla.

Quienes asistieron aquel día a la carrera recuerdan que Chris Basher, otro de los competidores, se posicionó rápidamente al frente del grupo con Bannister pisándole los tobillos y Chris Chataway en tercer lugar. Llegaron a la media milla en 1 minuto y 58 segundos. Basher comenzó a cansarse y Chataway aprovechó la situación para tomar la delantera. Bannister respondió sobrepasando a Basher para mantenerse en segunda posición. A la altura de los tres cuartos de milla el esfuerzo era casi imperceptible; cuando sonó la campana anunciando la última vuelta el cronómetro marcaba 3 minutos 0.7 segundos y la multitud empezó a gritar para alentarlos.

Bannister sabía que, si quería lograr su meta, tenía que correr la última vuelta en 59 segundos. Llegando a la penúltima curva Chataway continuaba al frente y fue ahí cuando Roger Bannister aceleró para pasarlo antes de entrar en la recta final. A menos de 300 metros de la línea de meta ya no corría impulsado por la energía de su cuerpo, sino por la fuerza que le daba la meta que se había propuesto. Su mente pareció adueñarse de la situación haciendo que sus piernas se movieran hacia delante por inercia. Sabía que el momento más importante de su vida atlética estaba teniendo lugar en ese mismísimo instante; el mundo pareció detenerse y la única realidad que él tenía al frente eran esos 150 metros que aún le quedaban por correr. Entonces, aceleró empujado por una combinación de miedo y orgullo, animado por los gritos de aliento de la fiel fanaticada de Oxford.

Cuando tomó la última curva y no le restaban más que cuarenta metros, ya había gastado todas sus energías, pero aun así continuaba corriendo. Lo único que lo impulsaba a seguir era su deseo de triunfar. A solo cinco metros de la línea de llegada, esta parecía estar alejándose.

En su libro, *La milla de los cuatro minutos*, Bannister describe el increíble esfuerzo que le representó alcanzar esa meta:

"...Esos últimos segundos parecieron eternos. Los brazos de todo el mundo estaban esperando para recibirme, solo si lograba llegar a la meta sin disminuir mi velocidad. Si fallaba, no habría brazos que me sostuvieran y el mundo sería un lugar frío y esquivo por haber estado tan cerca de concluir semejante hazaña y aún así no culminarla. Di el salto final hacia la línea de llegada como quien hace su último esfuerzo para salvarse de garras que tratan de atraparlo. Lo di todo y caí casi inconsciente, con los brazos abiertos a cada lado de mi cuerpo. Fue hasta ese momento cuando comencé a apreciar el verdadero dolor que causa el esfuerzo. Sentí que mi cuerpo explotaba; la sangre circulaba precipitadamente por las venas de mis brazos y piernas, que estaban encalambradas. Supe que lo había logrado inclusive antes de oír el tiempo oficial. Había estado demasiado cerca para no lograrlo, a menos que, al final, mis piernas me hubieran jugado una mala pasada reduciendo la velocidad sin dejárselo saber a mi cerebro".

El cronómetro tenía la respuesta. Norris McWhirter, encargado de anunciar el resultado oficial por los altoparlantes, bromeó con la audiencia tomándose todo el tiempo del mundo para decir: "Señoras y señores... aquí está el resultado de la carrera de la milla... Roger G. Bannister, miembro de la Asociación Atlética Amateur... y graduado de la Universidad de Oxford... con un tiempo record para esta pista y esta modalidad... ha impuesto un nuevo record mundial para la carrera de la milla. El tiempo oficial es... tres minutos...".

El resto del anuncio se perdió entre los gritos de entusiasmo y algarabía de todo el estadio.

¡Lo había logrado!

La marca de 3 minutos 59.4 segundos, impuesta esa tarde no duró mucho tiempo. Un mes más tarde el corredor australiano John Landy rompía el récord. No obstante, Bannister tuvo la satisfacción de derrotarlo en los Juegos Olímpicos de Canadá ese mismo año.

Años más tarde, recordando aquella época, durante una entrevista le preguntaron a Bannister cómo era posible que tantas personas hubiesen aprendido a correr tan rápido en tan poco tiempo. Él respondió: "Nada de esto ocurrió porque de repente el ser humano se hiciese más rápido, sino porque entendió que no se trataba de una imposibilidad física, sino de una barrera mental". Lo único que hicieron estos atletas fue desalojar de su mente las creencias limitantes —vacas— que los habían detenido para utilizar su verdadero potencial durante más de cinco décadas.

Todos tenemos estas barreras mentales y muchos decidimos deshacernos de ellas en algún momento con la esperanza de descubrir nuestro verdadero potencial. Tú también tienes la opción de hacer lo mismo. Lo único que necesitas es identificar las falsas creencias que te han venido limitando hasta ahora y reemplazarlas por ideas que te fortalezcan y te permitan utilizar el poder que yace dentro de ti a la espera de que lo utilices para alcanzar tus metas más ambiciosas.

¡AUXILIO! ¡MI VACA ES MI MARIDO!

Por último, examinemos la tercera categoría: otras personas.

Si piensas que lo que te está deteniendo para utilizar el máximo de tu potencial o alcanzar tus metas es otra persona, estás equivocado por completo.

Es indudable que los demás juegan un papel, en ocasiones trascendental, en el logro de tus éxitos. Sin embargo, ellos no son la fuente de tus limitaciones. Y a pesar de que muchas veces quisieras creer lo contrario, la gente que te rodea no es la causa de tus problemas. Un esposo desconsiderado, una madre criticona, un jefe poco placentero o una amiga confusa no son tu vaca. Ellos no son la razón por la cual tú no has alcanzado tus metas. La verdadera razón es una falsa creencia, una idea o un concepto errado que involucra a esas personas.

Aclaro esto porque, en una conferencia que realizaba en República Dominicana frente a un grupo de mujeres empresarias, una señora se me acercó y me dijo:

—Dr. Cruz, acabo de confirmar mis sospechas y ya sé quién es mi vaca. ¡Mi vaca es mi esposo!

De inmediato procedí a explicarle a esta señora que los demás nunca son nuestras verdaderas vacas. Me disponía a darle un ejemplo cuando ella volvió a interrumpirme:

—Ya sé Dr. Cruz que, en la mayoría de los casos, las vacas no son personas, pero en mi caso particular estoy totalmente convencida de que mi marido sí es mi vaca.

Le pregunté cómo había llegado a esta conclusión y ella me respondió con gran seguridad:

—Hace un año comencé mi propia empresa, pero no me ha sido posible lograr que mi negocio prospere y estoy segura de que es debido a la falta de apoyo por parte de mi esposo. Él no me colabora en nada; y lo que es peor, ni siquiera me anima para seguir adelante. No me cabe la más minima duda de que esta es la razón por la cual mi empresa se está yendo a pique...

—¿Ya ves? Te dije que él no es tu vaca —le dije interrumpiendo la que prometía ser una larga explicación de su parte—. ¿Sabes cuál es tu vaca? Tu vaca es esa idea que se te ha metido en la cabeza de creer que sin el apoyo de tu esposo no serás capaz de triunfar en tu empresa, lo cual es absurdo.

Por lo visto, no le gustó mucho mi respuesta. Es más, ella pareció estar más conforme cuando creyó encontrar al culpable de su fracaso en los negocios aunque después terminó entendiendo lo errado de su posición.

Es simple. Tu éxito es 100% tu responsabilidad. Sería fantástico contar siempre con el apoyo y entusiasmo de los demás. Aún así, no es absolutamente necesario o imprescindible. Tu decisión de salir adelante y triunfar no debe depender de que otros resuelvan apoyarte o no. Ya sea que ellos aprueben tus decisiones o que estén entusiasmados con el camino que has escogido, tu decisión de triunfar no puede ni debe depender de eso. La única persona que necesita estar entusiasmada con tus metas y tus decisiones eres tú.

Si lo que decides hacer con tu vida depende de que cuentes o no con el apoyo de otros, vas a lograr muy poco. Comprende que lo único que requieres para empezar el camino hacia la realización de tus sueños son tu propio compromiso, fe y determinación para triunfar.

¿Ves la enorme diferencia? Para esta señora su vaca no solo le proporcionaba una excelente disculpa, sino que la colocaba en el papel de víctima. Cuando caemos en esta trampa solemos escoger uno de los siguientes dos caminos —ambos errados:

Uno, nos damos por vencidos y continuamos viviendo como víctimas; y dos, nos damos a la tarea de tratar de cambiar a quien nos ha negado su apoyo. Buscamos convertir a esa persona a nuestra causa y esta suele volverse una labor frustrante y agotadora que pocas veces produce los resultados deseados.

Por esto es importante que entiendas de una vez por todas que tus vacas solo existen en tu pensamiento. Cuando hablo de matarlas, me refiero a que elimines una excusa, cambies un hábito, modifiques un patrón de conducta o establezcas uno nuevo. En otras palabras, lo que necesitas es cambiar tu manera de pensar y actuar sin tratar de cambiar la forma de ser de los demás. Es más, una de las peores vacas es creer que, a menos que otros cambien, tú no triunfarás. Recuerda, la única persona a la que puedes cambiar es a ti mismo.

Entonces ¿cómo deshacerte de tus vacas? Es simple, lo único que necesitas hacer es despertar a la realidad de que quizá los programas y creencias que hasta ahora han guiado tus acciones y decisiones no sean los correctos. Concientízate de que, así hayas sido programado para aceptar la mediocridad, en realidad tú fuiste creado para la grandeza; y aunque en ocasiones subestimes tus habilidades y talentos, tú eres capaz de alcanzar metas extraordinarias. Lo único que necesitas es abrir tu mente a la posibilidad de cambiar y crecer; acepta que el futuro no tiene porqué ser igual al pasado; siempre será posible construir un mañana libre de vacas.

PLAN DE ACCIÓN

1. Es frecuente creer que las caídas y frustraciones son el resultado de circunstancias adversas fuera de control. Pero lo importante no son las circunstancias difíciles que enfrentemos sino cómo respondamos a ellas. Identifica actitudes negativas con las que sueles responder frente a las dificultades y, de ahora en adelante, remplázalas con maneras más positivas de asumirlas:

Primera actitud negativa:

_____

_____

Nueva actitud positiva:

_____

_____

Segunda actitud negativa:

_____

_____

Nueva actitud positiva:

_____

_____

Tercera actitud negativa:

_____

_____

Nueva actitud positiva:

_____

_____

2. Identifica tres hábitos de éxito que te ayuden a eliminar tus excusas y a tomar control de tus acciones. ¡Sé es-
pecífico!

a. _____

b. _____

c. _____

08.
CINCO
PASOS PARA
DESHACERTE
DE TUS VACAS

"Desde que tengo memoria he aplicado la idea de que 'si hay que hacer algo que valga la pena, es mejor hacerlo bien o no hacerlo'. Y cuando leí este libro descubrí que esta premisa puede convertirse en una vaca con mucha facilidad. Estaba un poco molesta al ver que mi filosofía de vida fuera considerara como vaca. Pero después de continuar la lectura comencé a darme cuenta de que realmente yo utilizaba esta frase como una justificación para no actuar en diversas instancias. Por ejemplo, cuando me fui a Japón, a enfrentar una nueva cultura y un nuevo lenguaje, me dediqué a estudiar el idioma y llegué a hablarlo y comprenderlo muy bien, pero no me sentía lista para solicitar el trabajo que quería, ni para empezar un negocio así que pospuse esa meta. Al terminar esta lectura comprendí que, después de todo, yo sí era víctima de esa vaca y tomé la decisión de conquistar mis temores y ser la persona que realmente quiero ser".

—**Mirna Akio, Tokio, Japón**

Durante mis presentaciones, cuando le pregunto al público si alguien tiene la ligera sospecha de estar cargando con alguna vaca, muchos levantan la mano de inmediato admitiendo su culpabilidad; otros hacen un gesto un poco más discreto reconociendo que hay un problema, pero sin aceptar abiertamente ningún error; y, de vez en cuando, algunos le dan un leve pero acusatorio codazo a su acompañante como estrategia para desviar su culpa lejos de sí mismos.

Lo interesante y curioso acerca de las vacas es que es mucho más fácil descubrirlas en los demás que en nosotros mismos. Y a pesar de la dificultad que tenemos en hallar cualquier falta en nuestra manera de pensar o actuar, sí contamos con una facilidad extraordinaria para encontrar las fallas de los demás. Sin embargo, el primer paso para deshacernos de nuestras vacas es admitir que las tenemos.

Recuerda que nada sucede a menos que tú actúes. Ser consciente de las excusas, lamentar haberlas utilizado o desear que no existieran no tiene ningún sentido si continúas permitiendo que ellas gobiernen tus acciones. Lo único que te permitirá volver a tomar el control de tu vida será que actúes de manera rápida y decidida. Por ello quiero compartir contigo cinco pasos sencillos que te ayudarán a empezar hoy mismo a deshacerte de tus vacas de una vez por todas. Te aconsejo que busques papel y lápiz, y que te beneficies de este proceso en todo lo que te sea posible.

Te haré una advertencia: ninguno de estos pasos es opcional. Algunos resultarán difíciles y poco agradables, pero son imprescindibles. Así que, sé honesto, paciente y firme en tu empeño, y muy pronto comenzarás a notar cómo, al liberarte de las vacas que has llevado a cuestas por tan largo tiempo, tu caminar se hará más ligero y tu carga más liviana.

PRIMER PASO: IDENTIFICA TUS VACAS

Te tomará algún tiempo. Este proceso de autoevaluación es quizás uno de los pasos más difíciles que vas a dar ya que no es fácil admitir que debes cambiar. No esperes que tus vacas salgan de su escondite y se rindan demandando ser sacrificadas. El hecho es que, al ser confrontados con su necesidad de cambiar, muchos prefieren defender y justificar su situación antes de tener que aceptar que lo que necesitan es actuar.

Hay dos razones principales por las cuales es tan dificultoso reconocer que estás cargando alguna vaca. La primera, porque, como ya lo he mencionado en más de una ocasión, es posible que tengas muchas más de las que estés dispuesto a admitir. Y la segunda, porque es muy probable que no seas consciente de la cantidad de excusas, pretextos y justificaciones que utilizas a diario, tanto que ya son parte de tu naturaleza y no te incomoda su presencia. De todos modos, si de verdad quieres deshacerte de ellas, primero acepta que las tienes.

¿Te has dado cuenta de cómo las vacas de otros son para ti excusas absurdas con las que ellos buscan vergonzosamente justificar lo injustificable mientras que tus propias vacas, según tú, sí son hechos reales que demuestran lo injusto de una situación en la que tú eres siempre la víctima?

Ya antes mencioné que las vacas solo existen en el pensamiento. No obstante, suelen manifestarse en el lenguaje cotidiano así como en hábitos y comportamientos. Por esta razón, este primer paso exigirá que tomes papel y lápiz, y que, con este fin en mente, te pongas en la tarea de identificar estos pensamientos, expresiones, hábitos y acciones —vacas— que forman parte de tu diario vivir.

A partir de este momento, quiero que mantengas tus ojos y oídos bien alertas a la presencia de cualquier vaca que se insinúe en tu manera de pensar, hablar o actuar. Recuerda que todas ellas vendrán disfrazadas de excusas, justificaciones, pretextos, mentirillas blancas, limitaciones, miedos, evasivas y otro tipo de expresiones que suelen ser parte de tu vocabulario. Y aunque en ocasiones sea difícil describirlas, siempre las reconocerás cuando las veas. La clave para detectarlas está en prestarle atención a tu forma de expresarte externa e internamente. Recuerda que, tanto lo que verbalizas como tu diálogo interno, tienen la capacidad de programar tu mente subconsciente, influir en tus decisiones y forjar hábitos.

Cuando les pido a las personas que a diario tomen nota de todas las veces que dan una excusa ante cualquier circunstancia, regresan sorprendidas de la cantidad de pretextos que, a cada rato, utilizan.

Sería aconsejable que a este punto de la lectura volvieras a revisar los diferentes tipos de vacas que identificamos en el Capítulo Cuatro y así las reconocerás con facilidad para que ninguna se te escape o pase inadvertida.

Otra manera de identificarlas es examinando qué áreas de tu vida son susceptibles de mejorar. Digamos que no estás muy contento con los resultados que has obtenido a este punto de tu vida profesional. ¿Qué es exactamente aquello que no te gusta? ¿Qué es lo que ha originado estos pobres resultados? ¿Crees que ha sido culpa de algo o de alguien? ¿Qué necesitarías hacer al respecto? ¿Por qué no lo has hecho aún? ¿Qué decisiones tomarás ya mismo para cambiar esta situación? Es indudable que las respuestas a todos estos interrogantes te pondrán cara a cara con algunas de tus vacas en esa área de tu vida. Toma nota al respecto.

He aquí otra sugerencia: ¿te escuchas utilizando algunas de las siguientes expresiones con frecuencia?

* Quisiera hacer esto, pero...
* Lo que sucedió fue que...
* Mi temor es que…
* Si tan solo tuviera...
* Honestamente, el problema es que...
* Para qué tanto esfuerzo si al final...
* A decir verdad...

Las palabras que vienen después de cualquiera de estas expresiones, o son una vaca o están ocultando una. Toma nota de ellas y decide qué vas a hacer para eliminarlas.

Advertencia: Este paso puede ser doloroso. Nadie quiere estar cara a cara con sus propias excusas y debilidades. Pese a ello, para deshacerte de tus vacas de una vez por todas y evitar continuar siendo su esclavo debes tener el valor de mirarlas a los ojos y decirles: "No voy a permitir que sigas controlando mi vida". Ese es el verdadero reto de este primer paso.

SEGUNDO PASO: DETERMINA QUÉ CREENCIAS LIMITANTES SE ESCONDEN DETRÁS DE CADA UNA DE TUS VACAS

Examina tu lista y analiza qué creencias limitantes o juicios errados yacen bajo estas excusas. ¿Por qué se encuentran en tu lista? ¿Qué o quién las puso allí? ¿Dónde las aprendiste? Además, analiza a conciencia si estas razones que aduces son reales o no, si tienen sentido o son irracionales.

Como ya lo mencioné, muchas de nuestras vacas las adquirimos durante nuestros años de formación escolar, en la niñez y la adolescencia, y las hemos cargado por tanto tiempo que ahora las aceptamos como verdades incuestionables. Sin importar si las adquirimos por voluntad propia o porque permitimos que alguien más nos las obsequiara, toda vaca oculta una idea errada que creemos cierta.

Iván, un joven ejecutivo que durante el primer paso se dio cuenta de estar utilizando con mucha frecuencia la consabida vaca de "no tengo tiempo", cuenta que esta respuesta salía de sus labios casi sin pensarlo siempre que le presentaban un nuevo trabajo. Después de examinar más de cerca las situaciones específicas en las que solía utilizarla, Iván encontró que ella ocultaba un problema aún mayor: esta excusa era una manera fácil de evadir nuevos proyectos.

Algunos fracasos recientes con un par de trabajos sembraron en su mente una desconfianza sobre su habilidad para administrar grandes proyectos. Iván no tenía ningún problema con los proyectos pequeños, pero le aterraba la idea de aceptar trabajos mayores. En este caso su vaca no era su falta de tiempo, sino su miedo al fracaso y su inseguridad acerca de su aptitud para llevar a cabo dichas metas.

Iván siguió uno a uno los pasos presentados aquí hasta que logró eliminar este miedo que había limitado su potencial por largo tiempo.

Así que busca las verdaderas raíces de tus vacas. Si encuentras que cierta excusa, justificación o generalización que utilizas con frecuencia no representa una verdad en tu vida, elimínala ya de tu vocabulario. Tan increíble como parezca, este segundo paso te ayudará a deshacerte de la mitad de las vacas que detectaste en el primer paso.

TERCER PASO:
HAZ LA LISTA DE LOS EFECTOS NEGATIVOS QUE TODAS ESTAS VACAS HAN CAUSADO EN TU VIDA

Muchas veces cargamos con ciertas vacas porque no somos conscientes del gran mal que nos causan. Es cierto que, desde el punto de vista legal, las excusas no son crímenes, o sea que nunca serás castigado por emplearlas. De todos modos, ten la total certeza de que tus justificaciones ya se encargarán de castigarte y tu condena siempre será la misma: vivir encadenado a una vida de mediocridad.

Si crees que la razón por la que sufres de sobrepeso y tienes el nivel de colesterol por las nubes es que "tus padres eran gordos y en tu casa no existía el hábito de la comida saludable", despreocúpate pues no te enviarán a la cárcel por esa idea. Pero, lo cierto es que no hay necesidad de ningún castigo adicional ya que ese pensamiento te habrá sentenciado a tener una salud frágil, baja energía y alto riesgo de muerte súbita.

Así que, durante este tercer paso, haz la lista de todas las consecuencias negativas de todos tus pretextos. Resulta curioso que una inmensa mayoría de personas crea que sus vacas nos les están provocando mayor daño cuando la realidad es que toda vaca es limitante.

Por eso ahora, quiero que escribas frente a cada una de las vacas que ya identificaste todo lo que te ha costado mantenerla. No te quepa la menor duda de estar pagando un alto precio por ella. Si lo prefieres, ignora este hecho o piensa que estoy exagerando, pero las consecuencias de tus excusas son un recordatorio costoso de todas las oportunidades que has perdido por estar cargando con ellas.

Mientras trabajaba en el desarrollo de este capítulo recibí una carta de una persona que leyó la primera edición de este libro —lo llamaré Eduardo— en la que me contaba que su padre no pasó mucho tiempo con él durante su niñez porque vivía muy ocupado y sus compromisos y viajes de negocios solían mantenerlo ausente. Eduardo aprendió a aceptar y entender ese hecho; aún así, lo que nunca pudo llegar a consentir fue que, aun cuando estaba en casa, su padre era muy distante y desconectado de sus necesidades e intereses. Eduardo recuerda que él nunca destinó tiempo para ayudarle con las tareas, conversar o revolcarse en el suelo para jugar con él antes de irse a dormir.

Por su parte, su padre nunca pensó que sus razones fueran excusas. Eduardo se acuerda de escuchar con frecuencia expresiones como: "Lo siento hijo, pero estoy demasiado ocupado", "Entiende, mi trabajo demanda mucho de mí", "Hoy no tengo ni un minuto libre", "Quisiera tener más tiempo para mi familia, pero...", o su favorita: "Si solo tuviera una hora más en mi día...".

Hoy, Eduardo está casado y tiene sus propios hijos. Él y su padre de 72 años de edad buscan edificar la relación padre-hijo que nunca tuvieron. Su padre sabe que es imposible construir recuerdos de eventos en los cuales nunca participó. Ya no podrá devolverse a las sesiones de tareas de su hijo, ni a sus ceremonias de graduación, ni a sus juegos o a sus días de tristeza o celebración. La realidad es que esos momentos ya se fueron y él no fue parte de ellos. Todo lo que él quiere hacer hoy es acercarse a un hijo que encuentra distante. Es innegable que las justificaciones de este padre produjeron toda una serie de efectos negativos en su relación con su hijo.

Quizá las oportunidades que tú has permitido que te pasen de largo sean profesionales o financieras; o de pronto tengan que ver con tu salud o con tu vida familiar. Pero, cualquiera que sea el caso, recuerda que el precio de cargar con cualquier vaca suele ser demasiado alto. Entonces, por doloroso que sea, escribe todas las oportunidades perdidas; identifica los fracasos que han sido el resultado directo de conservar estas vacas; detalla todos los temores irracionales que experimentas a diario como resultado de todas las excusas y justificaciones que has venido utilizando a lo largo de tanto tiempo.

Si no das este paso, tal vez no sientas la necesidad de deshacerte de tus vacas. Recuerda que las dos fuerzas de mayor motivación son el deseo de triunfar y el temor al fracaso. Nuestra vida está guiada en parte por lo que más queremos y en parte por lo que más tememos. Siempre buscaremos hacer aquello que nos produzca placer y evitaremos hacer todo lo que nos provoque dolor. Es más, nuestra mente hará más por evitar dolor que por experimentar placer. Así que, a menos que sientas el dolor de estas oportunidades perdidas, no verás la necesidad de abandonar tu conformismo y matar tus vacas.

Una vez que hagas la lista de todo el mal ocasionado por la presencia de todas tus excusas, léela una y otra vez; siente el dolor de saber que la elección por esta vida de mediocridad ha sido solo tuya. Interioriza ese dolor, siéntelo en la boca del estómago y entiende que puedes disfrazarlo de mil maneras, ignorarlo por algún tiempo e inclusive pretender que no existe. Pero, mientras no mates tus vacas, siempre estarán ahí. Imagínate cargar con ese dolor por el resto de tus días, ¿tiene sentido? ¿Estás dispuesto a pagar semejante precio?

Si quieres deshacerte de esa carga, deja de hablar de lo que no has hecho y comienza a actuar. Las buenas intenciones solo intensifican la mediocridad. Lo único que va a permitirte realizar un cambio radical es que tomes hoy mismo la decisión de deshacerte de tus excusas y que actúes de inmediato.

CUARTO PASO:
HAZ UNA LISTA DE TODOS
LOS RESULTADOS POSITIVOS QUE
VENDRÁN COMO CONSECUENCIA
DE MATAR TUS VACAS

Quiero que, por un momento, te des la oportunidad de visualizarte viviendo libre de vacas. Escribe todas las nuevas oportunidades que vendrán como resultado de liberarte de ellas. ¿Qué nuevas aptitudes desarrollarás? ¿Qué otras aventuras te permitirás vivir? ¿Qué más sueños te atreverás a soñar y perseguir como resultado de no contar ya con todas esas excusas que te mantenían atado a la mediocridad?

Escribe todo esto porque lo vas a necesitar. Matar tus vacas no es tan fácil como parece; exige disciplina, dedicación y constancia. En ocasiones te sentirás frustrado porque volverás a caer en los mismos viejos hábitos y deberás levantarte y empezar de nuevo. Esta lista que te pido que realices en este cuarto paso te servirá de inspiración y motivación cuando te sientas desfallecer. Léela siempre que desees ver cuál es la recompensa que te aguarda por deshacerte de tus excusas. Es crucial que la lleves contigo en todo instante.

Hace algún tiempo estaba ayudando a una amiga mía a identificar toda las consecuencias positivas de matar su vaca de "no tengo tiempo para ir al gimnasio". Ella pesaba más de cuarenta libras por encima de su peso ideal y, a pesar de saber lo que esto le estaba costando, no se sentía motivada para hacer lo que sabía que tenía que hacer.

He aquí solo algunos de los efectos positivos que logramos identificar al llevar a cabo este cuarto paso:

- Tendré más energía y dinamismo durante el día.
- Luciré espectacular y tendré una mejor autoestima.
- No estaré constantemente cansada.
- Disfrutaré de una vida más larga y saludable.
- Seré mucho más creativa y dinámica en mi trabajo.

Mi amiga logró identificar más de una docena de razones que le ayudaron a encontrar el tiempo necesario para ir al gimnasio y hoy son esas mismas razones las que la inspiran y motivan a mantener su compromiso día a día.

QUINTO PASO: ESTABLECE NUEVOS PATRONES DE COMPORTAMIENTO

Amo trabajar en el jardín. Es una experiencia relajante y revitalizante para mí, particularmente al regreso de un largo viaje de negocios. Hace algún tiempo me ocurrió una "experiencia de jardinería" que desde entonces he venido utilizando para ilustrar la importancia de este quinto paso. En el patio de la casa se encontraba una vasija llena de tierra que algún día fue el hogar de una hermosa planta, pero que en ese momento acumulaba todo tipo de maleza y hierbas silvestres. Mi esposa me pidió que le buscara buen uso a esta vasija o que me deshiciera de ella.

Mi espíritu de jardinero no me permitió dejar pasar la oportunidad de salvar esta vieja matera así que decidí hacer los preparativos para sembrar en ella un rosal. Removí toda la maleza, aireé la tierra y le agregué los nutrientes apropiados preparándola para la nueva planta. Pero antes de que pudiera plantar el rosal tuve que salir de viaje por unos días.

Cuando regresé, la matera se había vuelto a llenar de maleza. No entendía cómo era posible que estas hierbas crecieran tan rápido. Una vez más me dispuse a remover los indeseables invasores y a preparar el terreno para plantar mi rosal esa misma semana. Otro viaje inesperado surgió y de nuevo tuve que ausentarme antes de terminar el trabajo.

A mi regreso, la maleza se había esparcido como de costumbre y decidí no dejar pasar ni un día más para plantar el rosal. Fue a partir de esa experiencia que entendí que, siempre y cuando la vasija esté desocupada y la tierra disponible, la maleza aparecerá una y otra vez. Lo único que evitará su invasión es si algo más está creciendo en ese lugar.

Lo mismo sucede con las excusas. Nuestra mente se asemeja mucho a aquella vasija vacía. En ella podemos plantar cualquier tipo de pensamiento que deseemos: sueños, excusas, oportunidades o justificaciones.

Si después de dar todos los pasos que he delineado en este capítulo logras eliminar tus excusas, malos hábitos o comportamientos autodestructivos, habrás dado un gran primer paso. ¡Felicitaciones! No obstante, ten cuidado. Si no siembras nuevas ideas, creencias o comportamientos positivos, ten la seguridad de que, poco a poco, tus vacas volverán a hacer su aparición.

Así que crea un nuevo patrón de comportamiento que te permita responder a estas vacas recurrentes en caso de que alguna vuelva a dar señales de vida. Mantente alerta. Earl

Nightingale escribió: "Tú eres el resultado de aquello en lo que piensas la mayor parte de tu tiempo". Si siempre estás pensando en tus excusas, debilidades y limitaciones, ellas se convertirán en tu realidad. Asegúrate de no darles la oportunidad de crecer en el jardín de tu mente.

Frente a cada una de tus vacas escribe las acciones específicas mediante las que piensas deshacerte de ellas y asegúrate de escribir cómo responderás en caso de que volvieran a surgir. Por ejemplo, si tu vaca ha sido que "yo no sirvo para eso porque ya estoy muy viejo", de ahora en adelante, cada vez que te sorprendas pensando o diciendo esto, quiero que, de inmediato, interrumpas dicho pensamiento y digas con firmeza y entusiasmo: "Sé que soy muy bueno para esto. Utilizaré mi experiencia para dominarlo con rapidez".

Si sigues este procedimiento con todas tus vacas, te darás cuenta de que en poco tiempo habrás eliminado a la mayoría de ellas.

PLAN DE ACCIÓN

Albert Einstein decía que, para que cualquier cosa suceda, primero hay que hacer algo. Siguiendo esta sabia sentencia te sugiero que tomes los pasos que te presenté en este capítulo y los utilices para eliminar la que consideres la peor de todas tus vacas. Con esto me refiero a la que más negativamente te esté afectando; aquella que con mayor frecuencia te roba tus sueños; esa que tú sabes que, de eliminarla, te reportaría los mejores frutos.

Primer paso: Identifica tu vaca:

_____

_____

_____

_____

Segundo paso: Determina por los menos dos falsas creencias que se esconden detrás de dicha vaca:

a. _____

b. _____

Tercer paso: Haz una lista de cinco efectos negativos que esta vaca te haya traído:

a. _____

b. _____

c. _____

d. _____

e. _____

Cuarto paso: Haz ahora una lista de cinco resultados positivos que obtendrás al matar tu vaca:

a. _____

b. _____

c. _____

d. _____

e. _____

Quinto paso: Establece al menos dos nuevos patrones de cómo esperas responder cuando esta vaca surja de nuevo en tu camino:

a. _____

b. _____

PARTE

3

UNA VIDA LIBRE DE VACAS

Como ya te habrá quedado claro en las dos primeras partes de este libro, el gran peligro de las vacas es que, con frecuencia, nos dan la impresión de ser bastante útiles. Sin embargo, cuando no alcanzamos una meta, cometemos un error o enfrentamos una caída, lejos de ayudarnos, nuestras vacas escasamente nos ofrecen un consuelo, un alivio a la angustia o frustración que estemos experimentando, pero distan de brindarnos una verdadera solución. Por el contrario, la retrasan.

Lo mismo ocurre con nuestros malos hábitos. Cuando estos son ya demasiado evidentes y resulta imposible seguir ocultándolos, nuestras excusas nos ayudan a ser más tolerantes y permisivos con ellos. Pero, como veremos en esta Tercera Parte, el efecto de toda excusa es temporal y no pasa de ser una forma de autoengaño que nos impide aprender de nuestras caídas, corregir falencias y áreas débiles, cambiar y crecer. Y tarde o temprano nos damos cuenta de que, lejos de ayudarnos, toda justificación termina por causarnos más dolor y hacernos más daño del que hubiésemos calculado.

A continuación analizaremos algunas de las vacas más comunes en cinco áreas de nuestra vida: salud, familia, finanzas, trabajo y negocios. Luego, dedicaremos un capítulo aparte a algunas de las excusas que con frecuencia utilizan nuestros hijos y al efecto que estas ejercen sobre sus vidas.

El objetivo es que, utilizando como ejemplo estas estrategias que te propongo para que elimines ciertas excusas, tú también logres desarrollar tus propias estrategias que te permitan identificar y luego deshacerte de tus vacas de una vez por todas.

09.
LAS VACAS
EN LA SALUD

"Cuando niña, yo era delgada, pero durante mi adolescencia empecé a tener problemas de peso. Después de haber terminado la escuela secundaria dejé de practicar deportes y me hice adicta a la comida chatarra. Subí de peso, y como si esto fuera poco, terminé con mi novio y ahí sí perdí el control de mis malos hábitos alimenticios, me acostumbré a ser gorda y empecé a aceptar mi nueva figura. No era feliz y, después de leer La Vaca, un día decidí deshacerme de mis excusas y mi gordura. Me inscribí en un gimnasio y empecé una dieta equilibrada. En el último año, he logrado bajar sesenta y dos libras. Ya me siento más sana, más atractiva y mejor puesto que me he convertido en ejemplo de inspiración para otros familiares, amigos y compañeros de trabajo".

—Claudia Kakutani, Lima, Perú

P ese a ser conscientes de los múltiples beneficios de ejercitarnos con regularidad y mantener una dieta balanceada, en lugar de trabajar activamente en ello parecemos contentarnos con acumular la mayor cantidad de pretextos y justificaciones que excusen nuestro sedentarismo y pobres hábitos alimenticios. Y el único propósito de todas estas excusas es que nos sintamos menos culpables por no hacer ejercicio ni mantener una dieta balanceada y saludable.

Ninguna vaca es válida si se trata de cuidar tu salud. Después de todo, lo que está en juego es tu calidad de vida. Así que mantente alerta a todas las excusas con las que buscas disuadirte a ti mismo de trabajar con constancia en el mantenimiento de una salud óptima. En este capítulo encontrarás algunas de las vacas más comunes en el área de la salud y el estado físico y hallarás consejos puntuales que te ayuden a deshacerte de ellas.

1. "VIVO MUY OCUPADO Y NO TENGO TIEMPO PARA IR AL GIMNASIO".

Esta es la excusa más común para no hacer ejercicio y evitar las idas al gimnasio. Estoy seguro de que, si algo es prioritario en tu vida, te aseguras de dedicarle tiempo, ¿no es cierto? Entonces, ¿no debería ser tu salud una de tus mayores prioridades?

Es curioso que muchas personas se preocupen más por cuidar su automóvil que por cuidar su cuerpo. No obstante, el carro lo pueden cambiar por uno nuevo en cualquier momento; en cambio, su cuerpo es el único que tienen y tendrán por el resto de la vida.

¿No crees que deberías prestarle más atención a tu cuerpo que a tu auto?

Cuando, pese a ser consciente de la importancia del ejercicio, argumentas que te encuentras muy ocupado como para ir al gimnasio, lo que en realidad estás afirmando es que estás demasiado atareado como para preocuparte por tu salud. ¿Tiene sentido preocuparte por tu trabajo, por ahorrar para el futuro, por brindarles una buena educación a tus hijos y por planear tu retiro, pero no sacar tiempo para cuidar de tu salud de tal manera que puedas disfrutar de todo aquello que sembraste? ¡Por supuesto que no tiene ningún sentido!

Cuando dices "no tengo tiempo", lo único que estás dejando bien claro es que no tienes la disponibilidad para cuidar de ti mismo, que no te valoras lo suficiente como para buscar los espacios necesarios para trabajar en desarrollar una salud óptima.

Así que mata esa vaca. La falta de tiempo no debe ser una excusa para no estar en forma y vivir cansado a todo instante. Encuentra el momento que más se ajuste a tu horario habitual y practica algún deporte.

Una rutina de ejercicio junto con un plan de dieta nutritiva te ayudarán a ser más productivo. No tienes que hacer cambios drásticos. No es que debas comenzar a ejercitarte dos horas diarias, siete días a la semana. Hay muchos cambios pequeños que puedes comenzar a implementar ya mismo.

Incluso las personas más ocupadas están en capacidad de levantarse 15 o 30 minutos antes de lo acostumbrado para salir a caminar. Desarrolla el hábito de hacer 50 abdominales antes de irte a la cama. Ve dos o tres veces por semana al gimnasio cuando regreses del trabajo. Recuerda que querer es poder y que lo que está en juego es tu salud.

2. "¡MI GORDURA ES HEREDITARIA!"

¡La obesidad ha alcanzado proporciones epidémicas a nivel mundial! Un estudio liderado por científicos de Imperial College de Londres encontró que más de 640 millones de personas en el mundo —la cifra más alta registrada en la Historia— padecen de obesidad. Y, si bien una gran cantidad de individuos es consciente de su necesidad de perder peso, la mayoría encuentra múltiples evasivas para no hacer nada al respecto. Lo interesante es que muchas de estas excusas parecen ganar credibilidad al atribuírseles factores genéticos o hereditarios que lo único que buscan es legitimar la excusa y convencernos de que cambiar dicha realidad es imposible.

No te imaginas la cantidad de veces que escucho personas tratando de justificar su obesidad con las vacas de "mi gordura es hereditaria", "mi papá siempre fue obeso", "a mi mamá también le cuesta mucho bajar de peso", "casi todos en mi familia sufrimos de sobrepeso". Sin duda, hay factores genéticos que inciden en mayor o menor grado en el funcionamiento del organismo, pero hay otra condición que debe estar presente para que la "obesidad genética" se desarrolle:

los malos hábitos. Es posible que tengas genes que te hagan más propenso a la gordura; pero, si tus hábitos alimenticios y de ejercicio te ayudan a prevenir que estos genes se manifiesten, lo más probable es que nunca seas obeso.

En la mayoría de los casos, el factor que más contribuye al sobrepeso no es la genética, sino las decisiones que tomas con respecto a lo que comes y al tiempo que dedicas para hacer ejercicio y cuidar de tu salud. La única manera de matar la vaca de "lo mío es hereditario" es entendiendo que, aunque no puedas cambiar tu genética, sí estás en capacidad de cambiar tus hábitos.

Es sencillo. Tienes dos opciones: permitir que esta vaca te condene a una vida de gordura y obesidad o impedirlo. Todo depende de si decides adoptar o no el papel de víctima. Sin duda, lo más fácil sería reconocer que la culpa no es tuya; que tú, simplemente, estás pagando los platos rotos; que los verdaderos culpables son tus padres que no supieron cuidar de su salud y te dejaron de herencia tu sobrepeso.

Entonces, ¿qué vas a hacer? ¿Vas a continuar dejando que unas cuantas excusas te sirvan para autoconvencerte de que tu problema es que "heredaste los genes de la gordura"? ¿De que "tu obesidad se debe a que tienes el metabolismo lento"? ¿De que "tu cuerpo tiende a retener líquidos" o "que no es que seas gordo, sino que eres de huesos grandes o de contextura gruesa"? ¿O vas a considerar la probabilidad de que todas estas no sean nada más que excusas?

Si genéticamente eres propenso a la gordura, y además no tienes buenos hábitos de alimentación, ni haces ejercicio, ni cuidas tu salud, lo más seguro es que sí termines siendo obeso. Claro que tu metabolismo juega un papel importante, pero a lo mejor tu sobrepeso se deba a que, aparte de tener un metabolismo lento, comes más de lo necesario. Así que no te engañes; aunque los huesos grandes son más pesados, nadie tiene 40 o 50 libras de sobrepeso por tener huesos grandes ni retener líquidos, sino por sus malos hábitos alimenticios y por llevar una vida poco saludable. Por lo tanto, toma ya mismo la decisión de matar esta vaca y ejercer control sobre tu vida de manera que goces de la salud óptima que mereces.

3. "¡COMER SANO ES CARO!"

La verdad es que basta con leer cualquiera de los muchos estudios realizados sobre el tema de la comida sana para darse cuenta de que, efectivamente, los precios de los alimentos saludables con frecuencia son más altos que los de la comida menos saludable. Entonces, ¿quiere decir esto que la vaca en cuestión no es tan vaca como parece?

Bueno, vamos por partes. Todos sabemos que para estar sanos hay que comer bien, evitar la comida chatarra y mantener una dieta balanceada. Ahora bien, si entendemos todo esto, ¿a qué se debe que comamos tan mal?

Uno de los factores que nos hace engordar sin que nos demos cuenta es pensar que la comida chatarra y poco saludable, la cual suele ser alta en grasa y calorías, es una opción más rápida y barata para alimentarnos. No es así. Si bien el combo de rapidez, disponibilidad y bajo precio parece calmar el hambre a corto plazo, a largo plazo es culpable en gran medida de la epidemia de obesidad que hoy enfrentamos.

Si lo analizas con detenimiento, comer mal sale realmente más caro puesto que las consecuencias de una mala alimentación se pagan por partida doble. Las paga tu organismo, ya que numerosos estudios han dejado en evidencia que una pobre alimentación y una dieta desequilibrada son terreno fértil para las enfermedades cardiovasculares, la diabetes, la presión arterial alta, los problemas gastrointestinales e inclusive ciertos tipos de cáncer. Pero también la paga tu bolsillo ya que el dinero que crees ahorrar en alimentos más baratos, pero poco saludables, terminas gastándolo en atención médica.

Lo cierto es que una alimentación completa y balanceada no tiene por qué salir costosa. La clave de una buena alimentación está en seleccionar alimentos saludables, no caros, sino nutritivos (frutas, verduras, cereales integrales, legumbres, leche, huevos, pescado, aceite vegetal, etc.). De igual manera, vale la pena aclarar que lo más caro tampoco es siempre lo mejor. Los nutricionistas aconsejan elegir tu dieta basada no solo en lo que te gusta, sino en la calidad, conociendo el valor nutricional de lo que compras, prefiriendo lo natural y evitando el consumo exagerado de alimentos ultra procesados, ricos en grasas y azúcares.

Es posible que estés pensando que vas a necesitar de un nutricionista personal para comer bien, pero lo cierto es que la Internet, los libros y otros medios te brindan la información necesaria para que tomes las decisiones correctas respecto a tu alimentación.

Cuando decidas matar tu vaca de que "comer sano es muy caro", descubrirás que la diferencia de precios entre una dieta saludable y una que no lo es resulta muy pequeña en comparación con los gastos que generan los tratamientos de las numerosas enfermedades crónicas relacionadas con una alimentación malsana.

4. "NO HAY GIMNASIOS CERCA DE DONDE VIVO; Y, SI LOS HAY, SON MUY CAROS".

¿Te imaginas guardando tu dinero bajo el colchón porque no hay bancos cercanos a tu casa? ¿No llevando nunca tu auto al mecánico porque no existen talleres en tu vecindario? ¿Ignorando alguna enfermedad seria debido a que no conoces ningún consultorio médico cerca de donde vives? Absurdo, ¿no es cierto?

El aspecto geográfico no es impedimento para manejar, caminar, tomar un taxi o un autobús e ir al médico, al peluquero, a la universidad o al trabajo. No te ha impedido ir al cine, a un bar o a una discoteca. Entonces ¿por qué sí permites que te detenga de ir a un gimnasio a ocuparte de mantener una salud óptima?

Vamos a suponer que realmente no hay un gimnasio a 100 kilómetros a la redonda del lugar donde vives o trabajas. Aun así, sí hay muchas otras opciones para hacer deporte y ejercitar tu cuerpo. Si hay un parque en el camino a tu trabajo o a tu casa, aprovéchalo para hacer caminatas energéticas; sal a correr por tu vecindario; practica cualquier deporte al aire libre o adquiere algún aparato para ejercitarte en casa. ¡Sé creativo! Pedalea en una bicicleta fija mientras ves televisión; pon un poco de música para bailar mientras te arreglas. Todas estas alternativas son válidas y te ayudan a mantener un buen nivel de actividad física.

¿Quieres ir al gimnasio pero nadie te apoya? Si nadie te apoyara en tu deseo de estudiar, ¿dejarías la escuela? Si no encontraras consenso para salir tras tus sueños, ¿renunciarías a ellos? ¡No!

Cuando enfrentes el dilema de la falta de apoyo, pregúntate quién necesita hacer el ejercicio. ¿Quién tiene el problema de sobrepeso y quién es el mayor perjudicado si no haces algo al respecto? ¡Tú!

Entonces deja de quejarte por la falta de apoyo. El único soporte que necesitas es el tuyo. Una rutina diaria de ejercicios te brinda una mejor salud, te ayuda a conservar tu peso ideal, a mantener la presión bajo control y a corregir niveles elevados de azúcar y colesterol. Haz que estos resultados se conviertan en tu apoyo moral al momento de decidir si ir al gimnasio o no.

¿Llegas muy cansado y estresado del trabajo como para hacer ejercicio? No lo vas a creer, pero el ejercicio físico es el mejor remedio para estos males ya que, no solo libera tensiones y alivia el estrés, sino te ayuda a ganar fortaleza, vigor y energía. El ejercitar tu cuerpo cambia tu estado de ánimo; te ayuda a dormir mejor; a ser más productivo y a cansarte menos durante el resto del día. No hay nada mejor para el cansancio, para descargar tensiones y descansar placenteramente que hacer ejercicio antes de comenzar tu jornada o al finalizarla. Así que ¡mata esta vaca de una vez por todas!

PLAN DE ACCIÓN

Como ves, nuestras excusas y limitaciones se manifiestan de diferentes maneras. A continuación identifica las tres vacas (excusas, pretextos, creencias, mentiras, evasivas, razones) que tú mismo has utilizado para justificar el no estar trabajando en algún aspecto de tu salud y estado físico. Si tu objetivo es tener una salud óptima, entonces identifica una acción específica que vas a implementar para deshacerte de cada una de estas vacas de una vez y para siempre. No admitas que tu compromiso se quede solo en palabras. ¡Actúa!

Vaca # 1:

_____

_____

Solución:

_____

_____

Vaca # 2:

_____

_____

Solución:

_____

_____

Vaca # 3:

_____

_____

Solución:

_____

_____

10.
LAS VACAS
EN LA FAMILIA

"Mi vaca más grande era el que yo llamo 'el síndrome de la madre mártir'. Al ser casada y madre de hijos pequeños, siempre sentía que nunca tenía tiempo suficiente para mí. 'No puedo hacer ejercicio porque no tengo tiempo', 'No puedo leer o tener algún hobby porque vivo dedicada a los niños'. Yo era una víctima. Al leer este libro me propuse superar esta excusa y en eso me encuentro. Ahora, hago ejercicio o monto en bicicleta por las mañanas, por ejemplo. Es un cambio pequeño, pero me hace sentir mucho mejor y en control".

—Sarah Fox, California, Estados Unidos

Muchas de las vacas que se generan al interior del hogar tienen que ver con las relaciones interpersonales y la comunicación entre los miembros de la familia. Me refiero a la dinámica de la relación entre esposos, hermanos, padres e hijos. Allí se generan vacas compartidas que limitan la relación, generan malestar y crean distanciamientos. Veamos algunas de ellas.

1. "HABLARLE A MI HIJO ES COMO HABLARLE A LA PARED. NO ME ESCUCHA. YA NI PIERDO MI TIEMPO HABLANDO CON ÉL".

Si eres padre o madre de un adolescente, es muy probable que alguna vez hayas utilizado esta o una expresión similar para articular tu frustración ante la aparente imposibilidad de que tu hijo acepte tus consejos, sugerencias, críticas o recomendaciones.

¿Por qué será que a los padres les cuesta tanto comunicarse con sus hijos adolescentes? Obviamente, los retos comunicativos con los hijos no comienzan en la adolescencia. Sin embargo, debido a que esta etapa de la vida es compleja y difícil por los grandes cambios biológicos, sicológicos, sexuales y sociales que ocurren en los jóvenes, las dificultades en la comunicación parecen acentuarse mucho más durante estos años. Si a esto le sumamos el hecho de que esta es una fase durante la cual el joven busca afianzar su personalidad, no es extraño entonces que surjan distanciamientos entre padres e hijos, lo cual dificulta aún más la comunicación.

Es común escuchar a muchos padres exteriorizando esta frustración con expresiones como: "Hablarles a mis hijos es como hablarle a la pared", "Lo que uno les dice les entra por un oído y les sale por el otro", "Mis hijos no me cuentan nada", "No responden y hay que sacarles las palabras con tirabuzón", "Nuestras conversaciones son como interrogatorios... Solo responden con monosílabos, gestos y hasta gemidos".

Frente a este mutismo selectivo de los jóvenes, y ante su propia frustración al ver menguada su capacidad para influir de manera positiva en las decisiones y forma de pensar de sus hijos, muchos padres optan por limitar y hasta cortar por completo la comunicación con ellos —una decisión de graves consecuencias ya que es durante esta etapa cuando los jóvenes deben enfrentar numerosas dudas, retos, inseguridades y temores que tienden a intensificarse cuando ellos se sienten solos.

No olvides que, a pesar de los problemas de comunicación que tengas con tus hijos adolescentes, ellos continúan necesitando tu amor, apoyo, comprensión y guía.

Cuando limitas la comunicación con tus hijos a causa de la vaca de que "hablar con ellos es como hablar con la pared", estás decidiendo que ante las dificultades comunicativas que afrontas con ellos, optas por desistir de ser una influencia positiva en su vida; que permitirás que sean otros quienes escuchen sus problemas y no tú; y que, para evitar las discusiones y broncas que puedan surgir, vivirás en la oscuridad en cuanto a las dificultades, retos y dilemas que ellos estén enfrentando. ¿Estás listo a aceptar esto?

Si no deseas que esta vaca sea la que dictamine cómo relacionarte con tus hijos, ten presente que, pese a tus buenas intenciones de involucrarte en su vida, en ocasiones ellos confundirán tu interés con una estrategia tuya para querer controlarlos. Cuando esto ocurra, dales espacio.

A lo mejor quieras hacer que tu hijo "entre en razón y acepte que sus amigos no le convienen" cuando en realidad tú no los conoces tan bien como crees. Y hasta es posible que tu hijo hubiese llegado a la misma conclusión por sí mismo; pero, al sentirse hostigado por tu continua insistencia, decide que no dejará esa amistad. No pretendas convertir tu relación en una guerra continua y, por sobre todo, no quieras ganar todas las batallas.

Muchos de los padres que creen que hablarles a sus hijos es caso perdido no entienden que los jóvenes poseen un ritmo de vida distinto. Así que aprende a identificar cuales son los mejores momentos para conversar con ellos. Pregúntales en lugar de tratar de imponer tu horario, tus reglas y tus conveniencias.

No conviertas toda conversación en una oportunidad para instruir, enseñar o sermonear. Yo era culpable de esto hasta que mis hijos de forma sutil me dejaron saber que nuestras charlas estaban comenzando a parecer conferencias y entonces me di a la tarea de descubrir cuáles eran sus intereses y a aprender más de ellos para tener diversos temas de conversación. Además, decidí que comenzaría a morderme la lengua, si era necesario, para evitar que nuestra interacción se tornara siempre en un seminario motivacional.

Si estás compitiendo por la atención de tus hijos con su teléfono celular, Facebook, Instagram, Whatsapp, Twitter, Youtube, Facetime y los mensajes de texto, no estás solo en esa competencia. Es evidente que los jóvenes prefieren comunicarse a través de sus dispositivos porque así se sienten más cómodos. Tratar de prohibirles el uso de dichas tecnologías es una batalla perdida. ¿Qué hacer?

Recuerda que es muy probable que tú también estés empleando muchas de estas tecnologías en tu vida personal y profesional. Entonces, hazlas parte de tus herramientas de comunicación con ellos. Yo soy amigo de mis hijos en sus páginas de Facebook y los mensajes de texto y Skype nos ayudan a mantenernos en contacto cuando estoy viajando. Así que no todo es negativo.

Acuerda con ellos crear áreas no tecnológicas en casa, como el comedor; o en el restaurante, cuando salgan a comer juntos. También puedes fijar horarios no electrónicos. ¡Sé creativo!

Si aún crees que hablarle a tu hijo es como hablarle a la pared, trata de hablarle a la pared y verás que sí hay una diferencia. Así que mata esa vaca y disfruta a tus hijos.

2. "MI CÓNYUGE Y YO ESTAMOS TAN OCUPADOS, CADA UNO EN SU TRABAJO QUE, LA VERDAD, NO HAY MUCHO TIEMPO PARA HABLAR".

Esta es una vaca muy peligrosa ya que involucra dos de los aspectos que más valoran las personas para sentirse a gusto con respecto a su vida: la estabilidad laboral y la armonía familiar. ¿Qué hacer cuando estas dos áreas parecen estar en conflicto? ¿Cómo actuar cuando se crean tensiones por el tiempo que les destinas a las metas profesionales y el que les dedicas a tu familia y a tu pareja? ¿De qué manera proceder cuando la pasión por tu profesión o la responsabilidad frente a tu trabajo se convierten en un problema para tu relación?

No podemos desconocer que, con frecuencia, el afán por alcanzar nuevas metas profesionales y progresar en el trabajo causa tensiones en el hogar. El tiempo libre es escaso y esto provoca distanciamientos continuos. De hecho, los problemas de pareja debido al trabajo se han convertido en un tema muy frecuente entre los especialistas en terapia de pareja.

Su origen es fácil de entender puesto que, si permites que tu carga laboral interfiera con el tiempo de compartir en pareja, estás generando una competencia poco sana entre tu trabajo y tu relación; estás dejando de escuchar, de prestar atención, de acompañar y estar atento a las necesidades de tu pareja. Cada uno está en su mundo con sus propias preocupaciones y todo esto da pie a otros problemas: la desmotivación por la relación; el aburrimiento debido a la rutina y un distanciamiento que socava el afecto, la comunicación de pareja y la intimidad. Con el tiempo, tu trabajo termina por convertirse en una excusa para evitar a tu pareja.

A veces esta situación obedece a circunstancias innegables. Es probable que en realidad sí tengas mucho trabajo y por miedo a perder tu empleo termines cediendo a exigencias laborales exageradas. Y aunque en un principio esta no te parezca una situación tan difícil de sobrellevar, puede que, con el paso del tiempo, a tu pareja le resulte imposible soportar el hecho de convivir contigo dado que apenas te ve a causa de tu trabajo. Y así el problema no seas solo tú, el ambiente que has generado no está fomentando todo aquello que hace que la relación prospere y se fortalezca.

De repente, los dos comienzan a sentir falta de apoyo y solidaridad mutuos y surgen la rabia y la frustración que suelen crear ese distanciamiento por el cual ya no hay una pareja que convive sino dos soledades que subsisten bajo un mismo techo.

¿Cómo puedes matar esta vaca? He aquí cuatro ideas que pueden ayudarte:

a. La clave es darle a tu relación la prioridad que merece. Necesitas mantener el equilibrio entre la atención que le dedicas a tu trabajo y la que inviertes en tu relación de pareja para que disfrutes, tanto de tus ocupaciones profesionales como de tu relación, sin sentir que debes renunciar a alguno de estos aspectos tan importantes de tu vida. Aprende a dejar en la oficina las tensiones y asuntos laborales. Con frecuencia muchas parejas llevan el trabajo de la oficina a la casa y ese es su primer gran error pues no se desconectan totalmente de su vida laboral. Es vital darle a tu trabajo su justa dimensión y respetar los límites y los espacios de manera que, cuando estés en tu hogar, le brindes a tu familia toda tu atención.

Ahora, si trabajas desde casa o tienes un negocio propio que desarrollas desde allí, debes tener claro que, pese a las enormes ventajas y satisfacciones que esto representa, de no tomar medidas, corres el riesgo de sentir que las labores profesionales nunca terminan ya que siempre existe la posibilidad de seguir trabajando sin descanso, ni horarios, ni límites. Si no quieres que tu trabajo o negocio desde casa se convierta en un obstáculo para tu relación de pareja, marca muy bien tu horario y sitio de trabajo y no sucumbas a la tentación de trabajar hasta caer rendido sin dedicarles tiempo a tu pareja y a tus hijos.

b. La comprensión y el diálogo son vitales. No dudes en compartir con tu pareja todas las situaciones de tipo laboral que impliquen cambios, de tal forma que ella tenga la oportunidad de participar en la toma de decisiones. Y si consideras que el trabajo se ha convertido en un factor de conflicto en el hogar, y que las condiciones laborales están comenzando a afectar tu relación con tu pareja y tus hijos, necesitas sentarte con toda la familia a determinar qué hacer.

Evita a toda costa que el vínculo de pareja se deteriore por asumir cargas muy pesadas. De hecho, creo que al evaluar un trabajo siempre deberíamos preguntarnos si este es compatible con nuestra relación. Antes de que te apresures a decir "sí", ten presente las conclusiones de algunos estudios que arrojan que muchas de las muertes prematuras de personas menores de 40 años son el resultado del estrés, la insatisfacción con el trabajo y la frustración de no lograr el balance entre el aspecto laboral y el personal.

c. No tienes que renunciar a tu trabajo. De hecho, esta no siempre es una opción ya que los problemas económicos que genera semejante decisión también tienen el potencial de afectar la relación. Por tal razón, es necesario que te asegures de que el tiempo en familia sea de calidad. Y, si fuera de ser limitado, también te dedicas exclusivamente a tus propias actividades, el problema será aún peor.

d. Analiza si eres feliz con tu estilo de vida y si tu pareja también lo es. De no ser así, plantéate cómo reestructurarlo. Cerciórate de que tu pareja no sea la receptora de las frustraciones y los conflictos derivados de tu contexto laboral. Si el trabajo no te da tiempo para tu pareja y tus hijos, recuerda que, aunque la profesión es muy importante, tu familia lo es más.

3. "A MIS HIJOS NO LOS CORRIJO MUCHO PORQUE NO QUIERO SER EL MALO DE LA PELÍCULA".

Nadie quiere ser el malo de la película. No obstante, en el proceso de formación y educación de los hijos, pese a nuestras mejores intenciones, muchas veces acabamos siendo los villanos de la película, los malos del paseo. Terminamos siendo tachados de insensibles "que nunca entendemos ni nos importa cómo ellos se sientan", "que ya se nos olvidó que un día fuimos jóvenes" y que "todo nos parece mal". ¿Has escuchado alguna de estas críticas por parte de tus hijos?

Pocas cosas son más difíciles de digerir para un papá o una mamá que ver el rencor en los ojos de sus hijos al momento de recibir un regaño, una corrección o una crítica por algún comportamiento o conducta así el motivo lo amerite. Debido a esto algunos padres deciden adoptar la vaca de "no quiero ser siempre el malo de la película". La cuestión es que tú tampoco quieres ser el hazmerreír ni el payaso de la película, alguien que tus hijos no tomen en serio. Tampoco quieres que ellos lleguen a la conclusión de que nada te parece importarte y te da igual todo lo que ellos hagan.

Como muchos padres ya habrán descubierto, esta actitud permisiva no es la manera adecuada de evitar ser el malo del paseo; pero, con tal de no serlo, terminas accediendo a que nadie cumpla tus reglas, sucumbiendo ante la promesa de que "esta es la última vez que lo hago..." y anunciando escarmientos y consecuencias que nunca llegan. Todo esto mengua tu autoridad ya que tus hijos acaban por no hacerles caso a tus advertencias. Sin quererlo, tú mismo terminas por socavar no solo tu autoridad, sino también tu habilidad para influir en ellos.

Tienes mucho por hacer para ejercer una influencia positiva sobre tus hijos, corregir sus malos comportamientos y hasta sancionar sus malas decisiones sin terminar siendo el villano, la bruja o el ogro insensible. He aquí algunas sugerencias:

a. Háblales desde el amor y el respeto. Es fundamental que les hablemos a nuestros hijos con el respeto que merece todo ser humano. A veces tratamos a nuestros amigos e incluso a desconocidos mejor que a nuestros hijos. Expresiones como "aquí se hace lo que yo diga y punto", "porque sí y se acabó" o "porque soy su papá" desconocen el derecho de los miembros de tu familia y establecen que las decisiones del padre, correctas o insensatas, no admiten cuestionamientos de ninguna clase; dan por sentado que los hijos no tienen derecho a pedir explicaciones, ni los padres tienen porqué darlas. Pero recuerda que tus hijos necesitan saber que tú los escuchas y que tienes en cuenta sus ideas.

b. Escucha activamente. En general, los padres suelen ser ineficaces en cuanto a su deseo y habilidad para escuchar a sus hijos. Creen saber todo lo que ellos piensan, hacen y van a decir. El joven apenas ha dicho tres palabras y ellos no solo ya saben para donde va la cosa, sino que ya le tienen la solución. Aprende a escuchar sin juzgar ni criticar; espera que tu hijo termine de decir lo que quiere para entonces sí ofrecerle algún consejo, opinión o sugerencia. Es más, ten presente que, cuando tu hijo quiere hablar, a veces lo que necesita es un par de oídos dispuestos a escucharlo, no sermones ni críticas.

c. El momento de hablar es el momento de hablar. No pospongas tus conversaciones con tus hijos. No es "mañana hablamos" ni "espere al sábado y ahí sí conversamos con calma". No. Cuando ellos quieren contarte algo que consideran urgente, hay que escucharlos; el día siguiente puede ser tarde. Piénsalo: pudiendo tu hijo o tu hija quedarse callado y no decir nada, ha preferido buscarte y hablar. ¿No te parece fantástico? Así que no dejes pasar esa oportunidad.

d. Evita amenazas e intimidaciones. Expresiones como "a mí me criaron a punta de rejo y así aprendí", "a usted lo que le hace falta es que la vida le dé un buen revolcón" o "esta no es una democracia; aquí usted no tiene voto" no son la mejor manera de ayudarles a tus hijos a comprender la importancia de corregir su conducta. Es posible que expresiones déspotas como estas produzcan los resultados que deseas. Sin embargo, son humillantes, su efecto suele ser temporal y solo funcionan cuando tú, estableciendo esa figura autoritaria —no de autoridad—, estás presente.

En lo que respecta a la comunicación con tus hijos, no olvides que el buen humor es una de las herramientas más valiosas para edificar vínculos afectivos, sortear tensiones y ver hasta las más difíciles situaciones desde una perspectiva más positiva.

e. Busca siempre soluciones ganar/ganar. De poco sirve que salgas de una discusión con tus hijos, pensando que ganaste, que lograste imponer tu voluntad e invalidaste todos sus argumentos, si ellos salen sintiendo que perdieron y que sus puntos de vista no fueron tenidos en cuenta. Tu objetivo es enfocarte siempre en escuchar, dialogar y lograr soluciones en las que las partes involucradas sientan que han ganado. Después de todo, lo ideal es que tú y tus hijos jueguen siempre en el mismo equipo y lo importante es que la solución o el acuerdo al que lleguen sean resultado del amor y el respeto mutuo. Un convenio como este contribuye a resaltar que lo acordado no es simplemente una imposición arbitraria del padre, sino el resultado de normas y reglas pautadas de común acuerdo sobre los comportamientos y resultados que se esperan de los hijos.

4. "HAY QUE DECIR LAS COSAS COMO SON, ASÍ DUELAN".

¡Esta es una vaca! Es innegable que a veces lo que decimos termina hiriendo a nuestra pareja o a nuestros hijos pues no siempre es fácil controlar el impulso de decir lo que opinamos o sentimos tal y como se nos venga a la cabeza. El tema en discusión, los sentimientos de las partes que intervienen en ella y las circunstancias que la rodean le agregan a la conversación una carga emocional bastante fuerte a todo lo que decimos y sentimos.

Expresiones como "hay que decir las cosas como son, así duelan", "al que le caiga el guante..." o "la verdad duele" pretenden hacerles creer tanto a quien las dice como al que las escucha que existe solo esa manera indolente de decir las cosas. Y no solo eso, sino que desconocen la importancia de tener en cuenta los sentimientos de los demás, particularmente si el asunto en cuestión es difícil.

Cuando se acaloran los ánimos surgen frases ofensivas, burlonas o humillantes y las consecuencias suelen ser devastadoras para la relación. Las palabras poco sensibles, los gritos, amenazas o ironías pueden tener efectos irreparables en la relación y conducir al abuso verbal y sicológico.

Para algunas parejas los comentarios ofensivos, las críticas destructivas y las palabras hirientes son tan comunes entre los dos que se han convertido en su forma "natural" de comunicarse. Es claro que, aunque no dejan marcas visibles, los insultos socavan la autoestima, apagan el amor, generan sentimientos de culpabilidad y, en ocasiones, terminan en la agresión física.

Así que asegúrate de que tu idea de ser "brutalmente honesto" y creer que "hay que decir las cosas como son, así duelan" no te estén convirtiendo en un tirano en lo que respecta a la comunicación con tu pareja o tus hijos. He aquí algunas sugerencias que te ayudarán a matar esta vaca y a desarrollar un estilo comunicativo basado en el amor, el respeto y la armonía.

a. Evita etiquetar. Elimina de tu vocabulario etiquetas, apodos y otras expresiones que arremetan contra la autoestima de los demás. Expresiones como "eres una inútil... Nunca piensas", "eres un tonto... Como siempre, echando todo a perder", "mírate, lo fea que estás", "eres un fracasado, un bueno para nada" atacan la personalidad y autoestima de tu interlocutor. Cuidado con ellas ya que, en un momento de debilidad, podrían tener consecuencias fatales como rupturas en la relación, depresiones profundas y hasta suicidios. Así que, cuando sientas la necesidad de ser "brutalmente honesto", ponte en el lugar de la otra persona, trata de entender qué efecto tendrán tus palabras en ella y encuentra cómo comunicarte de una manera más sensible. Si te das cuenta de que estás perdiendo el control y comenzando a subir el tono, lo mejor es que propongas dejar la discusión para otro momento y esperar a que los ánimos se calmen.

b. Acepta la autonomía del otro. Respeta su deseo de no ser cambiado. Al hacerlo no solo honras a tu pareja, sino que además estás honrando tu propia autonomía. Libera a tu pareja de tu acoso constante para tratar de convertirla en otra persona y libérate a ti mismo de la necesidad de manipular a los demás en función de tus propias necesidades. Una relación saludable requiere de respeto y tolerancia aceptando las diferencias sin sometimientos ni manipulaciones de ningún tipo.

c. No hagas predicciones negativas. ¿Has escuchado alguna vez que la mejor manera de predecir el futuro es creándolo? Las ideas negativas que plantas en la mente de los demás actúan como programas que los predisponen y terminan por ser casi proféticas. Expresiones como "tú nunca llegarás a ningún lado" o "gente como tú jamás triunfa" crean bajas expectativas en las personas a quienes se las dices, socavan su orgullo y las condenan al fracaso al convencerlas de que no poseen las habilidades ni los talentos necesarios para triunfar.

d. No juegues a ser la víctima. Muchas veces, durante una discusión acalorada donde han salido a la luz frases muy hirientes, la persona abusadora intenta aparentar enojo después de haber humillado o atropellado verbalmente a su pareja para que ella le pida perdón y así seguir en control del poder. Es claro que el lenguaje injurioso es una manera de chantajear al otro, de decirle: "¿Cómo pudiste hacerme eso después de todo lo que yo hago por ti?", "Si no fuera por ti, estaríamos en una mejor situación", "Me desesperas y me haces perder la paciencia y actuar así". De esta manera, la víctima termina siendo la culpable por el mal comportamiento de su victimario.

PLAN DE ACCIÓN

Sin duda, nuestras excusas se manifiestan de diferentes modos. A continuación identifica las tres vacas (excusas, pretextos, creencias, mentiras, evasivas, razones) que tú mismo has utilizado para justificar el no estar trabajando en algún aspecto de tu vida familiar. También identifica una acción específica que vas a implementar para deshacerte de cada una de estas vacas de una vez por todas. No permitas que tu compromiso se quede en buenas intenciones. ¡Toma acción inmediata!

Vaca # 1:

_____

_____

Solución:

_____

_____

Vaca # 2:

_____

_____

Solución:

_____

_____

Vaca # 3:

_____

_____

Solución:

_____

_____

11.
LAS VACAS
EN LAS FINANZAS

"'Qué buen libro... para otras personas'. Eso pensaba hasta que comencé a leer todas aquellas vacas que me describían a la perfección. Me creo capaz, exitosa y compulsivamente organizada. No soy de las que dan excusas. Las mías son razones lógicas. Cuando leí *La Vaca* me di cuenta de que detrás de cada una de esas razones se encontraba una excusa, un temor —una vaca—. No quiero que el miedo tome decisiones por mí. Ahora, cuando me escucho dando una excusa, descubro cual es el temor que yace tras ella y lo enfrento de inmediato".

—**Margaret Miller, Honolulu, Hawái**

Tomar la decisión de triunfar financieramente y traducir esta decisión en acciones concretas son dos hechos muy distintos. Para muchos, resulta más fácil posponer acciones como ahorrar, invertir, trabajar con un presupuesto y diferir los gastos innecesarios, y prefieren ocultar su inactividad tras una excusa que resulte más o menos creíble.

Pese a que ellos entienden las ventajas de ahorrar o invertir, siempre encuentran difícil tomar la decisión de hacerlo y optan, en cambio, por armarse de una buena vaca que les permita postergar el poner en orden su vida financiera. A continuación quiero compartir algunas de las vacas más comunes que impiden que, quienes las padecen, logren esa libertad financiera que tanto anhelan:

1. "QUISIERA AHORRAR, PERO EL PROBLEMA ES QUE NO GANO LO SUFICIENTE PARA HACERLO".

Esta es la vaca más común para no ahorrar. ¿Cómo voy a ahorrar si lo que gano a duras penas me da para sobrevivir? El problema con la excusa de que necesitas ganar más para estar en posición de ahorrar es que, si ahora no desarrollas buenos hábitos financieros, cuando ganes más, lo único que ocurrirá es que gastarás más y continuarás sin ahorrar.

La idea de que no es posible ahorrar puesto que no ganas lo suficiente se genera, en parte, en otra idea igualmente errada y es la de creer que, si ganaras más, todos tus problemas financieros se resolverían. Lo cierto es que es común encontrar personas que ganan cientos de miles de dólares al año y aún así sus finanzas se encuentran tan mal como las de aquellos que ganan doscientos dólares a la semana. ¿Si ves? El secreto no está en la cantidad de dinero que ganes, sino en saber administrarlo. Después de todo, si no sabes cómo administrar cien dólares, mucho menos sabrás cómo administrar mil.

Otra excusa con la que algunos buscan justificar el hecho de no tener una cuenta de ahorros es aduciendo que lo que estarían en capacidad de ahorrar sería tan poco que, la verdad, no valdría la pena. Argumentan que los intereses que les reportarían su pequeño ahorro serían tan pocos que no justificarían el esfuerzo que tendrían que hacer cada mes para ahorrar.

Eso es equivalente a decir que, como te resulta imposible realizar las dos horas de ejercicio diarias que quisieras, no tiene sentido ejercitarte durante 30 minutos ya que esa media hora no marcará tanta diferencia en tu estado de salud actual. ¡Qué vaca! ¡Ahorrar sí es posible! Cada uno, dentro de sus posibilidades, debería destinar aunque fuera una pequeña cantidad de sus ingresos al ahorro. Lo que tú necesitas es planificación, una buena administración de tus finanzas, compromiso y disciplina.

En mi libro *Piense como un millonario* sugiero que, si te resulta difícil ahorrar el 10% de tu salario, comiences ahorrando el 1%. Guárdalo al iniciar cada mes, antes de empezar a pagar deudas, y vive con el otro 99% de tu sueldo. Cuando te sientas cómodo así, incrementa tus ahorros al 2% y luego al 3%, hasta llegar al 10%.

Te aseguro que en poco tiempo descubrirás que estás ahorrando el 10% de tus ingresos y viviendo de manera cómoda con el resto. Tu cuenta de ahorros e inversiones empezará a crecer, te volverás más cuidadoso con tus gastos y empezarás a eliminar tus deudas. Pronto tus finanzas estarán bajo control y estarás en camino a lograr tu libertad financiera.

Si no desarrollas la disciplina para ahorrar entonces deberás resignarte a aceptar que la semilla del éxito financiero no está dentro de ti.

Así que mata esta vaca. Piensa que lo que importa no es cuánto ganes; lo importante es que elabores un presupuesto que dé cuenta de tus ingresos y gastos mensuales y que, basado en él, calcules cuánto dinero guardarás como tu ahorro. No interesa que sea poco ya que ahorrar, así se trate de una pequeña suma de dinero, te permitirá guardar para tu retiro, para cubrir situaciones inesperadas o para hacer alguna inversión mayor como la educación de tus hijos, la compra de una casa o un viaje de placer.

Es indudable que desarrollar el hábito de ahorrar e invertir tu dinero no es tarea fácil. Se requiere de determinación y de una voluntad increíbles. Debes fijarlo como un objetivo de alta prioridad; hacerlo parte de tu plan de metas y trabajar en ello todo el tiempo. La buena noticia es que, una vez adquieres el hábito del ahorro, este se vuelve automático y tu éxito financiero está prácticamente asegurado.

2. "DE FINANZAS NO SÉ NADA ASÍ QUE LO MEJOR ES QUEDARME QUIETO Y NO EMPEORAR MI SITUACIÓN".

Esta es una postura muy común cuando enfrentamos alguna situación nueva o desconocida. Pero, aun así, es una postura facilista ya que lo que en realidad estamos diciendo es que, como no tenemos suficiente conocimiento sobre el tema, la mejor opción es no hacer nada, continuar en la oscuridad, en la ignorancia. Claro que no lo decimos así porque pareceríamos insensatos. En lugar de eso decimos que, "como no sé nada de inversiones, lo mejor es no meterme en lo que no sé y no correr el riesgo de empeorar la situación.".

¿Cuál es el peligro de esta vaca? Si la examinas más de cerca, descubrirás la mentira: es hacerte creer que lo tuyo no es falta de interés ni pereza, sino que estás dejándote guiar por la prudencia y la responsabilidad. ¡Qué vaca!

El hecho es que no saber lo suficiente sobre inversiones, ni impuestos, ni presupuestos no es razón válida para no cuidar de tus finanzas. Es lo mismo que descuidar tu salud o ignorar un dolor persistente porque no sabes nada de medicina. No tiene ningún sentido. Ante tal situación, lo más razonable es que consultes con un médico y te informes sobre aquello que desconoces. Permanecer en la ignorancia no te ayuda a superar la dolencia que te está afectando. Por el contrario, lo único que logras es empeorar tu salud.

De la misma manera, la vaca de "como no sé de finanzas lo mejor es no hacer nada que pueda empeorar las cosas", no tiene ningún sentido. Por el contrario, el no hacer nada es casi dar tu consentimiento para que todo empeore.

¿No sabes mucho de inversiones, ni de presupuestos, ni de cuentas de retiro? ¡Infórmate! Así es que matas esta vaca. Consulta a un asesor financiero; lee un libro que te permita aprender los fundamentos básicos del éxito financiero; examina cómo, cuánto y en qué gastas tu dinero mes a mes, pero no permitas que esa absurda excusa te mantenga en la oscuridad en lo que a tus finanzas personales respecta.

3. "LAS INVERSIONES SON SOLO PARA LOS RICOS".

¡Absurdo! Además, ¿cómo crees que la gran mayoría de los ricos acumuló su riqueza? ¡Cuidando e invirtiendo su dinero!

Como con muchas otras vacas, el verdadero propósito de este pretexto es autodescalificarte; excusarte de tener que hacer lo que sabes que debes hacer bajo la premisa de que tú no calificas; de que, a pesar de tus buenas intenciones, no llenas los requisitos; de que la prosperidad no es para ti sino para otros. Y todos estos razonamientos te dan la oportunidad para no hacer nada al respecto sin tener que sentirte culpable.

¡Ahorrar e invertir es para todos!

Si en verdad quieres lograr la libertad financiera, uno de tus objetivos es lograr que el dinero que ahorres comience a trabajar para ti de tal manera que tus inversiones empiecen a generar más ingresos. La inversión es una de las claves del éxito financiero porque te permite "poner a trabajar tu dinero" para continuar generando ganancias adicionales.

Quizás una de las razones por las cuales se ha generalizado el uso de esta excusa de que "invertir es para los ricos" se debe a que las inversiones nos presentan dos retos importantes: (1) la necesidad de aprender algo nuevo, y (2) aceptar que invertir viene acompañado de ciertos riesgos.

No obstante, antes de que te apresures a decir: "¿Riesgos? ¡Adiós! Esto no es para mí", considera que, tanto en las finanzas como en otras áreas de la vida, estás rodeado de riesgos. Si solo hicieras aquello que esté libre de todo riesgo, harías muy poco. Por supuesto que existen ciertos riesgos asociados con las inversiones y con otras operaciones financieras. Es innegable que estas pueden generar ganancias significativas o pérdidas muy graves. Pero lo cierto es que, si investigas, diversificas tus inversiones, te informas e inviertes el tiempo suficiente en educarte en esta área, disminuirás los riesgos. Mi sugerencia es que busques la orientación de un buen asesor financiero que te ayude a desarrollar una estrategia de inversión sobre la cual comenzar a edificar tu libertad financiera.

Lo importante de entender es que, si bien, las instituciones bancarias son un buen vehículo de ahorro, existen otros canales de inversión que generan mejores utilidades. Hay una gran diferencia entre ahorrar e invertir.

Cuando tienes tu dinero en algún tipo de cuenta de ahorros en un banco, los depósitos tienden a estar garantizados; pero, por lo general, el interés que recibes es bajo; así que la rentabilidad de tu dinero es pequeña. A diferencia del mundo de la banca, las inversiones (acciones, bonos, fondos mutuos, bienes raíces) generan mayores beneficios y ganancias, aunque también podrían perder su valor.

Antes de invertir tu dinero es importante que tengas presente que, si buscas una mayor utilidad a través de cualquier tipo de inversión, a mayor rentabilidad, mayor riesgo. No hay ninguna garantía. La rentabilidad de tu inversión es variable: al alza, cuando sube el precio de los bienes; o a la baja, cuando se reduce el valor de la inversión.

Por esta razón, a muchas personas les resulta más fácil justificarse afirmando que "invertir es solo para los ricos", de tal manera que no tengan que lidiar con la incomodidad que les produce la idea de arriesgar su dinero. El problema es que el temor a invertir, debido al riesgo asociado con las inversiones, te ofrece como única alternativa el no hacer nada. Sin embargo, hay mejores opciones que esa de no hacer nada.

Para hacerles frente a las fluctuaciones y los altibajos asociados con las inversiones, los expertos hacen dos recomendaciones: (1) invertir solo aquel dinero que no vayas a necesitar a corto plazo y (2) investigar e informarte antes de invertir. La ignorancia no es una excusa para no ganar dinero. Los inversionistas sacan el tiempo para estudiar e investigar.

Hoy en día, tienes acceso a una gran cantidad de información económica a través de la Internet, los libros y las revistas financieras. De todos modos, ten presente que, aun con la ayuda de un asesor financiero, debes mantenerte altamente involucrado en el cuidado de tu capital. Si delegas por completo la decisión de inversión al criterio de otros, estarás desatendiendo tu dinero.

¿Te parece todo esto muy confuso y aterrador? Si estás empezando a darle la razón a la vaca que te proponías matar y piensas que lo mejor es quedarte quieto y no meterte en cuestiones que van a complicar tu vida, no olvides que todo aquello que te va ayudar a triunfar requerirá de tu atención total y demandará que salgas de tu zona de confort y aprendas nuevas cosas. Además, lo que está en juego es tu libertad financiera. ¿No es esa una de las razones por las que trabajas tan duro? Y si es así, ¿no crees que por lo menos deberías darte la oportunidad de averiguar e informarte sobre qué tan buen trabajo estás haciendo en proteger el dinero por el que has trabajado tan duro?

4. "ESTE NO ES EL MEJOR MOMENTO PARA PENSAR EN AHORRAR O INVERTIR".

Como con todo aquello que es prioritario en nuestra vida, muchas personas encuentran fácil utilizar la excusa de que "este no es el mejor momento para pensar en eso". Unas, porque creen que ya están muy viejas y es demasiado tarde para pensar en invertir o ahorrar; y otras, porque piensan que todavía son muy jóvenes y tienen mucho tiempo por delante.

Todos sabemos lo que sucede cuando dejamos las cosas para después: ¡Nunca las empezamos!

Si pospones tu decisión de involucrarte en tus finanzas, se te acumularán tus gastos y deudas, y nunca encontrarás el "momento apropiado" para ahorrar e invertir. Sin importar tu edad, el mejor momento para empezar a tomar control de tu dinero y deshacerte de tus vacas financieras es ahora. Curiosamente, "ahora" parece no ser el momento ideal que encaje en los planes de muchos que, en lugar de empezar ya mismo a tomar control de sus finanzas, buscan otras vacas para justificar por qué "hoy" no es el mejor momento.

La justificación de los que creen que ya es demasiado tarde para empezar a ahorrar o invertir es que, "sin duda es una buena idea, pero hubiese tenido mucho más sentido de haberlo hecho años atrás". Piensan que ya su momento pasó y ahora deben conformarse con sobrevivir, cubrir sus gastos lo mejor que puedan y tratar de mantenerse a flote.

De otro lado están los que aducen que "todavía están muy jóvenes y tienen mucho tiempo por delante para preocuparse por sus finanzas". Ellos creen que no hay ningún afán y que más adelante, cuando su situación económica se estabilice, tengan un mejor empleo y ganen más, estarán en mejor posición de ahorrar e invertir. ¡Vaya vaca más gorda!

De hecho, mientras más joven seas, mayores serán los beneficios de cualquier inversión ya que el secreto de ahorrar está en el tiempo. Gracias al poder del interés compuesto, cuanto antes empieces a invertir, más tiempo tendrá tu capital para crecer.

Lo que en verdad están ocultando estas excusas es la inhabilidad para tomar decisiones y actuar de manera inmediata. Muchos han caído víctimas del mal hábito de posponer sin que haya ninguna razón válida para ello, con la esperanza de que, si se le da suficiente tiempo al asunto, las cosas se solucionarán por sí solas. La consecuencia de esta falta de acción es que, con el tiempo los problemas empeoran, las deudas se acumulan y los pobres hábitos se afianzan y se hacen más difíciles de romper.

Recuerda, este es el mejor momento porque es el único sobre el cual tienes control. Actúa y no permitas que la vaca de la desidia te condene a una vida de inestabilidad y escasez económica.

5. "TENGO DEMASIADOS GASTOS Y DEUDAS PARA PENSAR EN AHORRAR. ADEMÁS, PARA QUÉ TRABAJO SI NO ES PARA DARME MIS GUSTOS".

En lugar de ser una excusa para no ahorrar (una vaca), esta debería ser la razón para hacerlo. Sin control, tus gastos y deudas continuarán creciendo hasta afectar todas tus decisiones. Hay personas que, desde que se despiertan, están pensando en cómo cubrir todas sus deudas. Esa no es manera de vivir.

Ahora, esa vaca de que te es imposible ahorrar porque necesitas darte unos "pequeños gustos" no es cierta. Es verdad que trabajas duro y mereces darte algunos gustos, pero esa no es excusa para no ahorrar. La mentira es creer que ahorrar te va a privar de disfrutar la vida o adquirir lo que deseas. Cuando establezcas un presupuesto de gastos, incluye en él una cantidad para tus "gustos" asegurándote, claro está, de no gastar más de lo que debes y puedes.

El problema está cuando pretendes vivir más allá de tus propias posibilidades, despilfarrando más de lo que ganas, pagando a crédito por el estilo de vida que crees merecer y desarrollando hábitos que te mantienen quebrado financieramente. De hecho, muy pocas personas toman el tiempo para organizar un presupuesto por temor a descubrir cuánto y cómo gastan sus ingresos mes tras mes; prefieren vivir en la oscuridad con la esperanza de que todo esté marchando bien e ignoran que no lidiar con sus finanzas es la peor manera de lidiar con ellas.

¿Por qué contentarte con "darte algunos gustos" a costa de sacrificar cualquier posibilidad de lograr la libertad financiera?

En su libro, *El millonario de al lado*, Tom Stanley y William Danko describen algunas de las decisiones que han llevado a personas comunes y corrientes a alcanzar solvencia económica siendo responsables y disfrutando del estilo de vida con el que siempre soñaron sin tener que sacrificar su futuro financiero.

Veamos qué han hecho estos triunfadores para construir su fortuna y pongamos en práctica algunas de sus estrategias. Por ejemplo, dos tercios de ellos amasaron un enorme capital construyendo un negocio propio; no siempre viven en ostentosas mansiones, aunque sí en buenos vecindarios; tampoco es que siempre conduzcan automóviles lujosos, posean relojes de treinta mil dólares o pasen la mayor parte del año en vacaciones, como muchos creen.

Y no lo hacen por dos razones: la primera, porque prácticamente todos son ahorradores y optan por vivir un estilo de vida que les provea ciertas comodidades, pero sin tener que derrochar ni desperdiciar su dinero; y la segunda, porque están convencidos de que conseguir la libertad financiera es mucho más importante que hacer despliegue de un alto estatus social.

Contrario a este modo de pensar, hay quienes viven más preocupados por aparentar cierto estatus. Su mayor inquietud parece ser la de trasmitir la mayor cantidad de señales que den cuenta de sus posesiones materiales así tengan graves problemas de crédito, no cuenten con ningún tipo de ahorro, estén llenos de deudas y hayan logrado hacer solo unas pocas inversiones.

Es fácil caer en esta trampa ya que existe la tendencia a prejuzgar a los demás por la clase de automóvil que conducen, por como visten o por la frecuencia con la que van a restaurantes lujosos. Se supone que la gente adinerada debe tener gustos costosos en lo referente a todo esto. Lo que la gran mayoría de los que así piensan no parece entender es que es mucho más fácil crear la ilusión de riqueza que ser realmente sólidos en lo que respecta a las finanzas.

Lo único cierto es que el tiempo y dinero empleados en aparentar fortuna y desplegar estatus casi siempre traen como resultado problemas económicos, frustraciones y una pobre autoestima. Y aun así, hay quienes se contentan con las apariencias.

Si la vaca de los "gustos" ha hecho que caigas víctima del estatus que acabo de describir, quizá la siguiente definición te ayude a deshacerte de ella de una vez por todas: "Estatus es comprar cosas que no necesitas con dinero que no tienes para impresionar a gente a la que en realidad poco le interesas."

PLAN DE ACCIÓN

Sin duda, hay muchas vacas que podrían estar mante-
niéndote atado a una vida de escasez y anemia financiera.
A continuación identifica las tres vacas (excusas, pretextos, creencias, mentiras, evasivas, razones) que a lo mejor
estés utilizando para justificar alguna debilidad en el área
de las finanzas. Describe también una acción específica
que comenzarás a implementar desde ahora para erradicarlas. Entiende que tus intenciones no van a mejorar tu
situación, solo tus acciones. Así que actúa.

Vaca # 1:

_____

_____

Solución:

_____

_____

Vaca # 2:

_____

_____

Solución:

_____

_____

Vaca # 3:

_____

_____

Solución:

_____

_____

12.
LAS VACAS
EN EL TRABAJO
Y LA PROFESIÓN

"Siempre he sido consciente de mi problema: posponer todo nuevo reto que se me presente y que me quiera sacar de mi zona de confort. Y para no sentirme mal, me lleno de otras cosas que hacer y así puedo decir que estoy demasiado ocupada al tiempo que evito el peligro de fracasar. Cuando le asignaban un nuevo proyecto a nuestro equipo de trabajo, siempre me aseguraba de escoger lo que sabía que podía hacer con los ojos cerrados y así evadía aventurarme en nuevos territorios. El libro *La Vaca* me ayudó a tomar la determinación de intentar cosas nuevas y utilizar todas mis habilidades. Esta historia me ayudó a comprender que mi costumbre de posponer era mi mayor limitante y me permitió ver más allá de mis dudas y expectativas".

—Vanessa Morgado, New York, Estados Unidos

Con frecuencia hablo y escribo de los grandes beneficios de comenzar un negocio propio. Esto no quiere decir que yo crea que es imposible triunfar cuando estás trabajando para alguien más. De hecho, concuerdo con el análisis que J. Paul Getty hacía con respecto a lo que él llama la "mentalidad millonaria" necesaria para lograr la libertad financiera.

Getty asevera que existen cuatro tipos de personas: primero, el de las que trabajan mejor cuando lo hacen para sí mismas en su propia empresa. El segundo está compuesto por quienes, por diversas razones, no desean lanzarse a los negocios por su cuenta, pero siempre buscan crecer y ocupar puestos prominentes en empresas donde sus conocimientos beneficien a la compañía y a ellos mismos. En la tercera categoría se encuentran los que solo aspiran a ser empleados asalariados, no invierten mucho en su propio desarrollo profesional y se conforman con la seguridad de un sueldo fijo. Y en la cuarta categoría se encuentran quienes no parecen estar motivados por el deseo de surgir y se conforman con realizar el menor esfuerzo posible.

Según Getty, quienes integran la primera y segunda categorías cuentan con la mentalidad millonaria que se requiere para alcanzar la libertad financiera.

Esta manera de pensar rara vez corresponde a individuos que conformen la tercera categoría y, mucho menos, la cuarta.

Quizá tú ya has decidido que no deseas empezar un negocio propio. No hay problema con eso. Ahora debes decidir si vas a ser parte del segundo o del tercer grupo. Muchos empleados tienen el potencial para ser grandes líderes, pero permiten que las excusas y justificaciones se interpongan en su camino. En este capítulo quiero mencionar solo algunas de las vacas que te impiden salir adelante en tu trabajo o profesión y te condenan a la mediocridad.

1. "TRABAJO EN UNA EMPRESA, O UNA INDUSTRIA, CON POCO FUTURO".

Si es así, entonces ¿qué haces ahí?

Una de las actividades en la que vas a estar involucrado durante más tiempo a lo largo de tu vida es tu trabajo. ¿No crees que deberías asegurarte de estar haciendo lo que quieres, donde quieres y sabes que tienes que estar?

Hay dos factores muy comunes que posiblemente te estén deteniendo de matar esta vaca. El primero es desconocer una realidad que muchos parecen negarse a aceptar: las economías, los mercados y las industrias cambian, evolucionan y se transforman. Y en esta transformación muchas empresas o trabajos desaparecen o se van volviendo obsoletos. ¿Con qué opciones cuentan quienes hasta ahora se desempeñan en dichos trabajos? Hundirse con el barco y morir o reinventarse, transformase y buscar su lugar en la nueva economía.

El segundo factor, que con frecuencia agrava esta situación, es la absurda idea (vaca) de creer que tienes que mantenerte en el campo, la profesión y el trabajo para el cual te preparaste. Después de todo, piensas que, si le has invertido 12 años de escuela y colegio, 4 o 5 años de universidad y quien sabe cuántos más estudios o cursos de postgrado, ¡ese tendrá que ser tu campo de acción por el resto de tu vida! ¡Cambiar de profesión sería echar a la basura todos esos años de formación académica!

El hecho es que se ha demostrado que en este siglo XXI la persona promedio debe estar dispuesta y preparada a desempeñarse en por lo menos siete industrias distintas a lo la largo de su vida profesional. No siete trabajos diferentes, siete industrias diferentes.

Quiero compartir contigo como ha sido mi experiencia personal a este respecto. Mi carrera laboral comenzó en el Departamento de Recursos Humanos de una compañía de seguros en mi país natal, donde trabajé un par de años; luego, al llegar a los Estados Unidos, trabajé en fábricas, restaurantes y hoteles. Después de un tiempo estudié química y me desempeñé como supervisor en una planta textil. Luego trabajé como profesor universitario por casi 10 años, tras lo cual escribí el libro que me abrió las puertas hacia una nueva carrera como conferencista y asesor empresarial, labor que he venido realizando a lo largo de más de dos décadas. Sin embargo, durante este tiempo también comencé, junto con otros socios, una compañía de Internet y luego una editorial. Así que, como ves, ya voy por mi séptima vida.

Si tu vaca es que "tu empresa tiene poco futuro", tienes solo un par de opciones: una, quedarte en un trabajo que no te ofrezca un mejor mañana y que a lo mejor odies y te esté enfermando; la otra, buscar nuevas alternativas. Piénsalo, vas a emplear más de la mitad de tu vida trabajando, ¿por qué no hacerlo en algo que te guste, que te rete y que siempre te presente nuevas oportunidades de aprender, crecer y cambiar? Si adoptas esta actitud, es muy posible que descubras que tu futuro está en otro campo o a lo mejor decidas comenzar un negocio propio y optes por reinventarte por completo.

Haz cualquier cosa menos quedarte estático. A lo mejor existen oportunidades de mayor crecimiento profesional en otras áreas de la misma compañía en la que hoy trabajas. A veces la solución consiste en hacer solo un cambio interno. Es posible que, pese a que te sientes frustrado en el área contable, el Departamento de Ventas te ofrezca nuevos retos y mejores opciones de avanzar sin tener que dejar tu empresa.

Ahora bien, si has llegado a la conclusión de que en tu trabajo actual ya no progresarás, acaso sea el momento de buscar alternativas. No hay por qué temer al cambio, siempre que lo hagas después de un análisis estratégico que tome en cuenta tus necesidades financieras y aspiraciones para el futuro. No olvides que el arquitecto de tu carrera profesional eres tú mismo.

En todo caso, sea cual sea la decisión que tomes, no permitas que la consabida vaca de que "es mejor malo conocido que bueno por conocer", de la que hablamos en los primeros capítulos, te robe la oportunidad de ser el mejor "tú" que puedas ser.

2. "NO HE PODIDO SALIR ADELANTE PORQUE MI JEFE, O MI EMPRESA, NO VALORAN MI TALENTO".

Esta vaca es una expresión más de aquella forma de autoengaño que utilizan muchos para dejar claro que sus fracasos, su infelicidad o la falta de oportunidades que han experimentado en su vida son culpa de alguien más. Sin duda, una excusa muy generalizada en el ámbito laborar. No he podido salir adelante en mi trabajo porque "mi jefe no aprecia mi talento", "mis compañeros son unos envidiosos", "mi supervisor es un ogro" o "mi equipo no sirve para nada".

Este tipo de excusas no solo te condena al fracaso laboral, sino que te provee una gran zona de confort porque te persuade de que el problema no eres tú, sino alguien más; de que no son tu falta de talento, compromiso o esfuerzo las que te están frenando, sino la corta visión de tu superior o la envidia, el pesimismo y la pereza de la gente con la que trabajas. ¿Ves lo cómodo de esta situación? Esta postura te absuelve de cualquier responsabilidad.

Claro que es mucho más fácil echarles la culpa a tu equipo de trabajo o a tu jefe por el estancamiento laboral que estés sufriendo. No obstante, cuando utilices esta vaca, ten presente que su mayor peligro es que no te permite reconocer que a lo mejor el verdadero problema es que no estés haciendo tu mejor esfuerzo, que te falte iniciativa, que con frecuencia llegues tarde pero siempre seas el primero en salir, que no hayas realizado un curso de actualización en años y que tu falta de interés en el trabajo sea tan evidente que lo sorprendente no es que no hayas avanzado, sino que aún no hayas sido despedido.

¿Cómo matar esta vaca? Primero, acepta que tú no tienes ningún control sobre la actitud, decisiones, ni nivel de compromiso de los demás. A la única persona que puedes controlar es a ti mismo. Así que examina si tú en realidad no eres parte del problema.

¿Le estás prestando atención a todo aquello que está bajo tu control? ¿Te has ocupado de mantener tus conocimientos relevantes y actualizados? ¿Has desarrollado nuevas habilidades y destrezas profesionales? ¿Muestras iniciativa, creatividad, cooperación y compromiso en los diferentes proyectos de la empresa?

Ahora bien, si después de realizar este autoanálisis, determinas que eres un profesional cualificado, con la experiencia y formación adecuada para el puesto que desempeñas, y aun así no avanzas profesionalmente, es hora de actuar. Si es un hecho que tu empresa no te está valorando como consideras que mereces, y sientes que es muy probable que no haya para donde más avanzar allí, quizás es momento de pensar en continuar tu vida laboral en otro lugar, explorar otras áreas de interés profesional o pensar en la posibilidad de independizarte y ser tu propio jefe.

3. "LA INFORMACIÓN EN MI CAMPO AUMENTA MUY RÁPIDO Y MIS CONOCIMIENTOS SE HAN VUELTO OBSOLETOS".

Las personas que ofrecen esta excusa lo hacen como si no hubiese ninguna solución, como si estuvieran describiendo la condena a la que han sido sentenciadas. ¿Sabes cuál es la realidad? Con cada año, mes y día que pasa tus conocimientos se van quedando obsoletos. Esto no es un castigo, ni es cuestión de mala suerte, ni nada por el estilo, sino más bien parte de una realidad profesional que exige aprendizaje continuo de tu parte si deseas mantenerte vigente en tu profesión.

La Internet, la globalización de los mercados y la evolución continua de la tecnología demandan que aprendamos y progresemos, que nos mantengamos actualizados y evitemos volvernos obsoletos.

La realidad que afrontas es la siguiente: en este momento, con seguridad ya ganas el máximo con lo que ahora sabes. Por lo tanto, si quieres avanzar en tu trabajo y ganar más, tienes que estar dispuesto a aprender más.

El problema de muchos nuevos profesionales y empresarios es que quieren incrementar sus ingresos sin adquirir nuevos conocimientos, sin continuar con su educación, ni realizar ningún cambio en sus hábitos o su manera de pensar. Desean los resultados, pero no están dispuestos a pagar el precio. Pretenden ganar más sin tener que dar más, ni adquirir nuevos conocimientos, ni preparase mejor. Por eso siempre me escucharás decir que la mejor inversión que puedes realizar en tu profesión es la que hagas en ti mismo. Me refiero a tomar parte de tu salario anual e invertirlo en ser cada vez mejor en lo que haces.

La educación continua y especializada constituye una herramienta imprescindible para tu desarrollo profesional. Sigue formándote y aprendiendo no solo en lo relacionado con tu campo, sino en otras áreas de tu profesión que te abran las puertas a nuevas oportunidades. El hacerlo incrementará tu valor en el mercado y ampliará tu capacidad de generar mayores ingresos.

Ten siempre presente que no hay nada que te devuelva un mayor retorno de tu inversión que volver a emplear una parte de tus ingresos en optimizar tu capacidad para generar mayores entradas. Los profesionales que han acumulado grandes fortunas han aprendido esta verdad mientras que los que menos se destacan continúan tratando de descifrar dónde estará el secreto del éxito y quejándose de la rapidez con que cambia el mundo. Mata esa vaca y conviértete en un estudiante comprometido del éxito.

4. "PARA QUÉ TRABAJO TAN DURO SI TOTAL NO SOY EL DUEÑO DE ESTA EMPRESA. ADEMÁS, A MÍ ME PAGAN LO MISMO YA SEA QUE HAGA LAS COSAS BIEN O REGULAR".

Le escuché esta vaca a un joven ejecutivo durante un seminario que realicé sobre cómo incrementar la productividad de las empresas y lograr un aumento en las ventas prestándoles mejor atención a los clientes. Durante la sesión de preguntas y respuestas, el joven planteó su inquietud en los siguientes términos: "¿Por qué preocuparme tanto en aumentar la productividad de una empresa que no es mía? Yo recibo un salario fijo, un sueldo que no varía así las ventas mejoren. Cuando tenga mi propio negocio entonces sí daré el 100%".

Lo errado de esta perspectiva se manifiesta en tres planos distintos:

El primero, cuando no entiendes que siempre estás trabajando para ti mismo. ¿A qué me refiero? Claro que tu trabajo, esfuerzo y compromiso están beneficiando a la empresa a la cual estés vinculado, pero piensa que tú también te estás favoreciendo directamente de dicho esfuerzo ya que es tu trabajo el que genera tu salario. Y no solo eso, sino que ese mismo nivel de compromiso, dedicación y esfuerzo que exhibes en el trabajo tiendes a adoptarlo en otras áreas de tu vida.

Dicho de otra manera, los hábitos que desarrollas en tu trabajo, buenos o malos, tienden a manifestarse en todo lo que haces; de manera que siempre serás el más beneficiado o perjudicado de todos tus hábitos y decisiones.

El segundo, cuando te das cuenta de que, como le explicaba al joven ejecutivo, si determinas que ya no puedes darle tu mejor esfuerzo a quien paga tu sueldo, lo correcto es renunciar a tu empleo y buscar otro en el cual sí puedas dar el 100%. Entre más tiempo permanezcas en un cargo en el cual ya no sientas ninguna motivación que te inspire a dar lo mejor de ti, más tiempo estará la empresa desperdiciando un activo importante —el salario que te paga— y más estarás arruinando e hipotecando tu futuro profesional.

¿Si ves? Si estuvieras comprando algo y, como cliente, ves que la persona que te está atendiendo no se esfuerza, realiza un trabajo mediocre, te ofrece una pésima atención y aun así desea ser compensada como si hubiese prestado un servicio excelente, tú te quejarías o rechazarías el producto o servicio. Inclusive te rehusarías a pagarle la totalidad del valor cobrado por considerar que su trabajo o esfuerzo no lo merecen. De la misma manera, en el acuerdo que tienes con tu empleador, si él hace su parte (pagarte el sueldo), tú haz la tuya (dar tu mejor esfuerzo).

Si crees que tu mejor esfuerzo vale mucho más de lo que tu empleador te paga, no utilices esto como una vaca para quejarte y no hacer nada. Habla con tu superior: muéstrale tus logros y fortalezas. Pregúntale de qué manera podrían ampliarse tus funciones y proyectos para que continúes progresando tanto financiera como profesionalmente. Y si nada de esto funciona, entonces date a la tarea de buscar otro trabajo en el que sí te sientas recompensado como mereces.

Finalmente, la idea de que "cuando tengas tu propio negocio entonces sí darás el 100%" es en el mejor de los casos una imposibilidad. Si no das el 100% cuando estás trabajando para otro, ¿qué te hace pensar que cuando tú seas tu propio jefe sabrás cómo hacerlo? Si no lo haces con otros, tampoco lo harás contigo mismo. Así que mata esa vaca.

Además, recuerda que a las personas que no son capaces de realizar su mejor esfuerzo cuando trabajan para otros, rara vez se les presenta la oportunidad de empezar su propia empresa ya que no han desarrollado la ética de trabajo que les ayude a independizarse y ser sus propios jefes.

PLAN DE ACCIÓN

Es muy fácil caer víctima de las vacas en el trabajo. A continuación escribe las tres vacas (excusas, pretextos, creencias, mentiras, evasivas, razones) que has utilizado para justificar el no haber llegado más lejos en tu trabajo o profesión. Pero recuerda que la única manera de deshacerte de ellas es actuando de inmediato. Así que identifica también tres acciones específicas que implementarás de inmediato para erradicarlas por completo. Asegúrate de traducir tus buenos deseos de cambiar en acciones concretas.

Vaca # 1:

_____

_____

Solución:

_____

_____

Vaca # 2:

_____

_____

Solución:

_____

_____

Vaca # 3:

_____

_____

Solución:

_____

_____

13.
LAS VACAS
EN LOS NEGOCIOS

"Incluso antes de convertirme en piloto comercial, siempre quise empezar un negocio en el campo de las finanzas. Sin embargo, mi familia y mis amigos me decían que era demasiado arriesgado y casi una locura renunciar a un trabajo estable y a un sueldo fijo. Después de muchos años de escucharlos, decidí hacer el cambio. Hoy, soy más feliz que nunca, estoy convencido de que esto es lo que estaba destinado a hacer. Soy mi propio jefe, tengo un horario flexible y sé que depende de mí qué tan lejos pueda llegar. Definitivamente, matar tus vacas es muy liberador".

—William Linville, Florida, Estados Unidos

olo en los Estados Unidos, más de mil quinientos nuevos negocios comienzan cada día. Si a esto le sumamos la cantidad de emprendedores que se lanza a empezar su propia empresa en Latinoamérica, Asia y Europa, esta cifra excedería fácilmente los dos millones de nuevos empresarios cada año. Todos ellos saben que una aventura de tal magnitud requiere de una poderosa motivación para llevarla a feliz término. Y no solo se requieren disciplina, convicción, creatividad y persistencia, sino también destrezas específicas, recursos, tiempo, dinero, y los conocimientos necesarios para iniciar una empresa.

Las razones que motivan a estos emprendedores son diversas: trabajar en lo que en verdad los apasiona; tener la flexibilidad de hacerlo desde donde quieran; fijar sus propios horarios; elegir con quién trabajarán; saber que, a mayor productividad, mayores serán sus ingresos; y, en general, ejercer mayor control sobre su propio destino. Esto último es algo que le parece abrumador a la mayoría de la gente, pero no a los emprendedores; para ellos sus sueños, el orgullo de construir un negocio propio, son algo por lo que vale la pena luchar así los riesgos sean altos.

Aún así, por cada historia de éxito hay mil historias de personas que también anhelarían un negocio propio y desearían ser independientes porque están inconformes con su situación actual, pero renuncian a su sueño; muchos, inclusive antes de haberlo intentado porque optan por creerles más a sus vacas que a sus anhelos.

Si bien cada año dos millones de nuevos empresarios salen tras sus sueños, una cifra diez veces mayor se resigna a ampararse tras alguna excusa: "Me da mucho temor intentarlo", "El mercado está saturado", "¿Y si las cosas salen mal?", "No sé cómo hacerlo", "Mi familia no me apoya", "No sé por dónde comenzar", "No tengo dinero", "Jamás he vendido nada…".

¿Has escuchado alguna de estas excusas?

¡Alerta! Todas son vacas y su único objetivo es hacer que renuncies a tu idea de emprender una aventura que puede darle un giro total a tu vida. A continuación encontrarás ideas que te ayudarán a deshacerte de todas estas excusas.

1. "YO NO SÉ NADA DE NEGOCIOS".

Es posible que no sepas mucho, ni poco, ni nada del mundo empresarial, pero esta no es una razón valedera para no darte la oportunidad de desarrollar un negocio propio. Si hay una constante en la Historia es que la gran mayoría de los empresarios exitosos, que cambiaron y continúan cambiando el mundo con sus empresas, tampoco sabían nada de negocios antes de comenzar.

¿No sabes nada de negocios? Entendido. ¿Qué vas a hacer al respecto?

En realidad hay solo dos opciones: permitir que esta excusa te haga desistir de empezar tu propia empresa o darte a la tarea de aprender lo que necesites para ser empresario. Es triste ver cómo muchos nuevos emprendedores se dan por vencidos al poco tiempo de haber comenzado sus negocios creyendo que, si en unas pocas semanas no aprendieron todo lo necesario para triunfar, nunca lo lograrán. Olvidan que nadie nace aprendido y que el éxito toma tiempo y exige trabajar con paciencia en el desarrollo de múltiples habilidades.

Incluso quienes poseen aquellos talentos y destrezas considerados vitales para triunfar en los negocios deben seguir formándose ya que las dotes naturales no son suficientes para lograr el éxito a menos que vayan acompañadas por un largo proceso de educación, práctica, motivación y, sobre todo, disciplina. Si quieres triunfar en los negocios, invierte en el activo más importante de tu empresa: tú mismo. Invertir en tu desarrollo personal es invertir en tu negocio.

Sin duda, el éxito en cada industria requiere de habilidades y destrezas específicas. Ahora bien, antes de que asumas que la razón por la cual tu negocio no ha prosperado es porque a lo mejor no cuentas con dichas cualidades (¡gran vaca!), quiero que sepas que es posible aprender y desarrollar cada una de las habilidades y actitudes que necesitas para triunfar en los negocios. Estás en capacidad de triunfar en cualquier vocación a la cual le dediques el tiempo suficiente ya que no hay ningún talento que no poseas, así sea en menor grado. Por supuesto que el desarrollo de ciertas destrezas requerirá de paciencia y disciplina, y es posible que muchas de estas capacidades tengas que desarrollarlas por el camino.

Ahora, si aspiras a ser empresario, pero crees no ser muy hábil para las ventas o para comunicar tus ideas en público, tienes tres opciones: la primera sería renunciar a tu idea de empezar un negocio por sentir que "no tienes lo que se necesita para triunfar" —el camino más fácil, aunque no produce ningún beneficio—. La segunda vendría siendo esperar a aprender dichas habilidades antes de empezar tu empresa. El problema con esta opción es que la mejor manera de instruirte es mediante la práctica. Finalmente, la tercera forma, y la más acertada, es empezar con las habilidades que poseas, por pobres que parezcan, y continuar expandiéndolas en la medida en que vayas construyendo tu negocio.

Entonces, ¿cómo matas esta vaca? Haz lo que han hecho los empresarios exitosos que tienen por costumbre invertir un porcentaje de sus ingresos en su propio desarrollo personal y profesional mediante el uso de libros, revistas, audiolibros, seminarios de actualización o cursos en línea.

Recuerda la exhortación que hacía Benjamin Franklin: "Vacía tu bolsa en tu mente y tu mente se encargará de llenar tu bolsa". La persona que no está dispuesta a invertir en sí misma está negociando el precio del éxito sin entender que el éxito no es negociable.

2. "YO NO SOY BUENO PARA LAS VENTAS NI PARA HABLAR CON LA GENTE".

Empecemos con esto: ¡Todos somos vendedores!

Seamos conscientes o no de ello todos estamos vendiendo constantemente. De hecho, la persona que compartió conmigo esta vaca de "yo no soy bueno para las ventas" lo hizo a través de un mensaje electrónico de más de dos páginas en las que detallaba de manera muy convincente sus falencias: se describía a sí mismo como tímido, nada persuasivo y sin lo que él llamaba "el don de gentes". Fue muy convincente al destacar su personalidad introvertida, su timidez, la dificultad que tenía para interactuar con los demás y hacerse entender y, en general, la poca facilidad que creía tener para las ventas.

Lo curioso es que presentaba muy bien todos estos argumentos para apoyar la decisión que parecía ya haber tomado de no involucrarse con el negocio que le acababan de proponer. Su correo era un acto desesperado para ver si yo coincidía con todas las pruebas que él presentaba en defensa de su decisión.

Lo único que quise responderle fue: "Tienes razón, me has convencido completamente de que tú de ventas no sabes nada. Compro tu idea". En su siguiente correo me decía que había entendido el mensaje.

Es posible que tú tampoco creas que sabes vender, y que también ya te hayas vendido a ti mismo la idea de que esta profesión no es ni será parte de tu futuro. Si es así, quiero pedirte que consideres la afirmación con la que he comenzado esta sección. ¡Todos somos vendedores!

Vender no se limita a la comercialización de productos o mercancías. Incluye la exposición de ideas y oportunidades, y la oferta de nuestros servicios profesionales y habilidades a otras personas. El concebir las ventas como el proceso de ofrecer, compartir, enseñar y persuadir nos permite apreciar este arte desde una perspectiva mucho más amplia.

Es fácil entender que el empresario que comparte una oportunidad de negocio con otra persona está vendiendo. Pero el padre que comparte con sus hijos las ideas, valores y principios que cree que serán de mayor beneficio para su éxito personal también está vendiendo. Y el joven profesional que al asistir a una entrevista de trabajo se preocupa porque su manera de vestir y apariencia personal sean adecuadas, que repasa con cuidado la forma en que presentará sus ideas, que se asegura de ofrecer un buen saludo y de dar una buena impresión, ¡también está vendiendo!

Así que, como ves, siempre estás vendiendo. La cuestión no es si eres o no vendedor, si tienes o no futuro en el campo de la venta profesional o si eres bueno o malo vendiendo. La pregunta aquí es: ¿vas a tomar el tiempo para aprender lo que necesitas para ser un gran vendedor? ¿Y no solo un gran vendedor con tus clientes, sino con tus hijos, tu pareja, tus empleados, tus colegas, etc.? ¿O vas a permitir que tu vaca de "no sirvo para las ventas" rija tu vida?

Cuando vuelvas a pensar que no eres bueno para las ventas quiero que consideres dos factores. El primero, que vender es servir. Y el segundo, que el 85% del éxito en las ventas depende de tu actitud, nivel de motivación y capacidad para desarrollar relaciones positivas con los demás. Con estas dos premisas en mente, aclaro que al hablar de aprender a vender no me estoy refiriendo a ejercer dominio sobre ciertas técnicas y cierres de ventas, sino a aprender a servir y a trabajar en tu actitud y en el trato con los demás.

3. "EL ÉXITO EN LOS NEGOCIOS ES CUESTIÓN DE EMPEZAR EN EL MOMENTO QUE ES, Y CREO QUE ESTE NO ES EL MOMENTO INDICADO".

¡Cuidado con esta excusa! Las vacas más peligrosas son aquellas que buscan convencerte de que lo tuyo no es un pretexto, ni desidia, miedo o indiferencia, sino precaución y sentido común.

"Este no es el momento indicado", "Todavía no es tiempo, lo mejor es esperar", "Aún estoy muy joven", "Creo que ya se nos pasó la oportunidad", "Ya estoy demasiado viejo", "Este negocio hubiese sido una excelente opción hace unos años...". Todas estas ideas tienen algo en común y es persuadirte de no actuar porque "es muy temprano", "ya es demasiado tarde", "aún estás muy joven" o "ya estás muy viejo". Es como si nunca fuera el momento oportuno para actuar.

Pero lo cierto es que es todo lo contrario. Este es el mejor momento para actuar. ¿Por qué? Porque es el único que tienes, es el presente, es el ahora, es el único instante que tienes para actuar puesto que es imposible hacerlo en el pasado o en el futuro, ¡solo actúas en el ahora, en el hoy!

Si siempre estás esperando el momento perfecto para actuar, nunca emprenderás nada. Vivirás dedicado a buscar argumentos que justifiquen tu inactividad. Los que son jóvenes se quejarán de su inexperiencia, de su falta de dinero y de que nadie los tomará en serio; por su parte, los viejos argumentarán que ya no tienen la chispa, que tienen demasiadas obligaciones y que eso de ser emprendedores es solo apto para jóvenes.

Si nos dejamos guiar por la Historia, las dos posturas son equívocas puesto que Bill Gates incursionó en el campo de los negocios cuando apenas tenía 15 años de edad y, por su parte, Ray Kroc finalmente compró McDonald's en 1961, a los 58 años de edad, cuando la mayoría de las personas ya está pensando en pensionarse. En ninguno de los dos casos la edad frenó a estos dos emprendedores de salir tras sus sueños.

¡Mata esa vaca!

No tiene ningún sentido que pierdas el tiempo pensando en lo fácil que sería triunfar si tuvieras más experiencia en el campo de los negocios, si hubieses iniciado tu empresa unos años antes, si fueras más joven, si fueses mejor para las ventas, si hubiese mayor demanda para tu producto, si no fueras tan tímido, si la economía estuviera en mejor forma o cualquiera de las muchas otras "si... si...", excusas con las que buscamos justificar por qué este no es el mejor momento para empezar.

Lo cierto es que debes empezar donde estás en este momento. Entre más rápido entiendas y aceptes esta realidad, más pronto comenzarás a aprender lo que necesitas saber para que tu negocio prospere. Yo creo que, en términos de tiempo, si tu meta es lograr la libertad financiera a través del desarrollo de un negocio propio, el posponer la decisión de empezar es simplemente retrasar tu éxito, aplazar el momento de cosechar los frutos de tu esfuerzo y eso no tiene ningún sentido.

4. "NO CREO QUE PUEDA LIDIAR CON LA RESPONSABILIDAD DE SER MI PROPIO JEFE. PREFIERO QUE ALGUIEN MÁS TOME LAS DECISIONES".

La idea de ser sus propios jefes es sin duda una propuesta que cada año seduce a más y más soñadores. Para muchos, comenzar su propio negocio representa su ingreso al campo laboral, aunque la mayoría de nuevos empresarios está haciendo la transición de ser empleados a ser empresarios.

Como con cualquier transición que realices, esta no siempre es fácil. ¿Por qué? Porque muchos de estos nuevos emprendedores confiesan que algunas de sus mayores motivaciones son justamente la idea de no tener un jefe, poder disponer de su tiempo, decidir qué hacer y cuándo hacerlo sin tener que trabajar bajo presión, más aún cuando en sus trabajos el logro de sus metas laborales no siempre se ve reflejado en el aumento de sus ingresos. Pero una vez comienzan su negocio, poco a poco se dan cuenta de que no todo les sale como lo habían imaginado. Por ejemplo, ahora, en lugar de tener que responderle a un solo jefe, cada cliente se les ha convertido en un jefe; si antes odiaban tener que regirse por un horario, ahora no tienen uno fijo; como empleados no les angustiaba si las metas de ventas mensuales no se lograban, ni si la empresa estaba generando suficientes ganancias. Esas eran las preocupaciones de sus jefes, no las de ellos. Y lo más conveniente de todo es que tenían la certeza de contar con sus ingresos fijos al final de cada quincena.

De hecho, esta última razón es la excusa que detiene a muchos, con anhelos de emprendedores, que quisieran dar el salto de empleados para convertirse en empresarios. Ellos no conciben la idea de ser los responsables directos de generar sus ingresos. Para ellos, no hay como la certeza de un trabajo. No ganarán tanto como quisieran, pero al menos cuentan con que al final del mes recibirán su salario.

Esta excusa, este temor a no contar con un sueldo fijo, hace que individuos con gran talento y capacidad para los negocios no den el primer paso hacia la creación de su propia empresa. Por supuesto que, cuando tienes un empleo, tu jefe planea y ordena las actividades que realizarás, organiza y dispone de tu tiempo como más le convenga a él y toma decisiones para asegurarse de que la empresa prospere y los empleados reciban su paga a fin de mes. También es cierto que, como empresario, todas estas responsabilidades recaerán sobre ti.

Pero esa es solo la mitad de la historia. La otra mitad es que ahora estarás construyendo tu negocio. Ya no estarás trabajando en las metas de otros, sino en tus propias metas. Si deseas aumentar tus ingresos, lo único que necesitas hacer es incrementar el volumen de ventas de tu empresa. Lo que debe importarte ahora no es cuál sea la hora de salida, sino cumplir los objetivos que tú mismo te has trazado. Y todas estas deben ser razones más que suficientes para matar pronto esta vaca.

Los empresarios exitosos no cuestionan el precio que deben pagar por sacar adelante sus negocios. Ellos entienden que están invirtiendo en su futuro y que es su deber generar sus propios ingresos, tomar decisiones y cumplir sus obligaciones ya que el beneficio de su esfuerzo y trabajo es para ellos. Por esta razón, no permiten que la vaca de "no sé si pueda lidiar con la responsabilidad de ser mi propio jefe" les robe la oportunidad de empezar un negocio. Tampoco pierden el tiempo analizando si el precio que están pagando por el éxito de sus empresas es demasiado alto puesto que saben que los beneficios que recibirán son mayores que si fueran empleados asalariados.

PLAN DE ACCIÓN

No sé si empezar una propia empresa es una de tus metas. Eso es algo que solo tú sabes. Si lo has considerado, pero no has hecho nada al respecto por alguna razón, toma los siguientes espacios para identificar las tres vacas (excusas, pretextos, creencias, mentiras, evasivas, razones) que posiblemente te han detenido hasta ahora de desarrollar un negocio propio o de explorar otros intereses profesionales e identifica una acción específica que vas a implementar para deshacerte de estas vacas de una vez por todas.

Vaca # 1:

_____

_____

Solución:

_____

_____

Vaca # 2:

_____

_____

Solución:

_____

_____

Vaca # 3:

_____

_____

Solución:

_____

_____

14.
LAS VACAS DE NUESTROS HIJOS

"Siempre sentí que la mayor parte de mis fracasos eran, directa o indirectamente, culpa de otras personas: de mi esposa, mi jefe, mi equipo de trabajo, mis padres o cualquier otra persona. Después de leer *La Vaca* comprendí que me había llenado de excusas para cubrir mis propios errores e indecisiones y, que así otros tuvieran la culpa, yo no podía ir por la vida diciendo: 'Siempre quise triunfar, pero la culpa de no lograrlo fue de aquel...' ni que 'la culpa fue de este otro que no hizo su parte...'. Aceptar el 100% de la responsabilidad por nuestro éxito es un gran reto, uno que ahora sí estoy dispuesto a aceptar".

—Anthony Burgos, Washington, Estados Unidos

En este capítulo quiero compartir contigo algunas de las vacas más comunes entre los hijos, particularmente los adolescentes. Aquellas excusas y justificaciones que los llevan muchas veces a actuar en detrimento de su propio éxito. El objetivo es que aprendas a conocerlos un poco mejor, que sepas cuales son los temores, ansiedades, presiones y retos con los que ellos lidian día a día, de manera que seas un pilar de apoyo en su vida.

¡Advertencia! Recuerda que solo ellos tienen la potestad de matar sus propias vacas.

Eliminar sus excusas no es algo que tú puedas hacer por ellos. Así que evita la tendencia inicial de muchos padres que es suponer que ahora que saben cuáles son los retos de sus hijos, les resultará fácil darles las soluciones. Ten presente que parte de su crecimiento y desarrollo como seres humanos es afrontar sus propios problemas y temores y buscar resolverlos por sí mismos.

Otra advertencia: si después de terminar este capítulo reconoces muchas de las siguientes excusas, no te apresures a amonestar ni a censurar a tus hijos ya que gran parte de las vacas que los jóvenes acumulan ha sido herencia de sus padres. Así que tranquilízate, respira profundo, cierra el libro y considera aquella sabia exhortación bíblica que nos invita a "no mirar la paja en el ojo ajeno…".

1. "TODO EL MUNDO LO HACE".

"No sé cuál es el problema si en la escuela todos mis compañeros lo hacen", "No pude evitarlo; mis amigos me obligaron a hacerlo", "Solo lo hice para ver qué es eso de lo que todos hablan", "No quiero ser el único santurrón del grupo". ¿Te suena familiar alguno de estos pretextos?

¿Cuál es la respuesta que con frecuencia damos la mayoría de los padres?

"Entonces si a todos tus compañeros les da por saltar de un puente, ¿tú también saltas?" Y creemos que con la obvia sabiduría encerrada en esta pregunta ya hemos logrado que nuestros hijos adolescentes entiendan lo absurdo de su vaca de que "todo el mundo lo hace", y de paso validamos la exageración que tan astutamente ellos han utilizado. Porque lo cierto es que, sea cual sea la conducta que estén tratando de justificar con su excusa, lo más probable es que no todo el mundo lo haga como ellos argumentan. Entonces, como padres, debemos ver más allá de la excusa y descubrir las causas que han generado el comportamiento en cuestión.

Es claro que, cuando nuestros hijos dicen que "todo el mundo lo hace", en realidad no se están refiriendo a todo el mundo, ni a todos los jóvenes; ni siquiera a todos sus amigos o compañeros de colegio, sino al grupo al cual, por alguna razón, ellos quieren pertenecer en ese momento en particular. Ese grupo, tan reducido como sea, es para ellos "todo el mundo".

Por incomprensible que te parezca, la presión del grupo es una realidad con la que muchos niños y jóvenes tienen que convivir durante toda su vida escolar, desde la escuela hasta la universidad. En la adolescencia, una etapa en la cual la identificación con su grupo social es un factor de gran importancia para el desarrollo y madurez del joven, esta presión llega a ejercer una enorme influencia en su conducta y decisiones. Influye en su manera de vestir, en la música que escucha y en los lugares que frecuenta haciendo que desarrolle conductas con las que no siempre está de acuerdo así como con comportamientos inadecuados y hasta peligrosos.

Por supuesto que no debemos estigmatizar la presión del grupo ya que no todas las influencias son negativas. Algunas son motivantes y ayudan al adolescente a sentirse más seguro, menos solo, a lograr mejores resultados, a perfeccionar su habilidad para hablar en público y a intentar nuevas actividades deportivas y de diversas índoles. No obstante, como padres, una de nuestras mayores preocupaciones es qué hacer para que nuestros hijos sean menos vulnerables a las presiones negativas que provienen del exterior. ¿Cómo les ayudamos para que la vaca de "todo el mundo lo hace" no tome control de sus vidas y los lleve a actuar aún en contra de sus propias convicciones y valores? He aquí algunas sugerencias:

a. Asiste a tus hijos en el fortalecimiento de su autoestima. Ayúdalos a reconocer sus logros; que no solo sean conscientes de sus limitaciones y debilidades, sino que también reconozcan sus fortalezas, talentos y habilidades. Esto requiere que los conozcas, los observes, hables con ellos y los escuches. Solo así lograrás identificar sus rasgos de personalidad, necesidades, emociones y expectativas. Ten presente que una baja autoestima es terreno fértil para las influencias negativas de los demás.

b. Involúcrate en sus vidas sin ser entrometido. Genera una atmósfera propicia para la comunicación, para que ellos tengan la confianza de hablar contigo acerca de sus tensiones y ansiedades asegurándote de darles el espacio y la privacidad que ellos necesitan. De esta manera conocerás sus intereses y opiniones sobre distintos temas de actualidad y estarás enterado de los retos y dilemas que ellos enfrentan a diario. Observa cómo se sienten cuando están con sus amigos y descubre frente a cuáles influencias del grupo son más sensibles. Ahora, si no conoces a ninguno de sus amigos, es probable que ahí esté el problema. ¿No crees que deberías saber con quienes se relacionan tus hijos? ¿Cómo se llaman? ¿Dónde viven? ¿Cómo y por qué se conocen?

c. Establece límites y normas en cuanto a qué es adecuado y qué no. Muchos jóvenes ceden ante las presiones de sus amigos debido a la tendencia humana a tomar riesgos, la cual los lleva a experimentar y a dejarse influir. Ahora bien, si no cuentan con modelos en el hogar con los cuales comparar, actuarán sin medir las consecuencias de sus actos. Por lo tanto, revisa los mensajes que les estás enviando a tus hijos a través de tus propias conductas.

d. Equipa a tus hijos con las estrategias y herramientas que les permitan hacerles frente a las presiones negativas. Es muy posible que no siempre logren seguir tus recomendaciones ni actuar como tú esperas ya que, desde su óptica, muchas veces es casi imposible negarse. Hacerlo daría como resultado el ser ridiculizados, perder un amigo o ser rechazados por el grupo. Sin embargo, con algo de ayuda estarán en posición de desarrollar las habilidades sociales que les den mayor confianza a la hora de expresar sus opiniones y hacerlas valer delante de sus amigos. Siéntate con tus hijos y examina las diferentes opciones que tienen. Desde decir "no" de manera asertiva hasta buscar el respaldo de otros amigos o usar el humor para negarse a ceder sin sentirse avergonzados.

Es posible que algunas de estas sugerencias te hagan sentir algo incómodo o te saquen de tu zona de confort. Si es así, recuerda lo que está en juego.

2. "LA CULPA DE MI POBRE RENDIMIENTO ES DE MIS PROFESORES QUE NO SABEN CÓMO MOTIVARLO A UNO".

Como con cualquier adulto, el impulso inicial de un adolescente que precisa explicar su bajo rendimiento en los estudios es buscar culpables; mirar a su alrededor tratando de determinar quién es el responsable de sus bajos resultados. Y cuando él hace esto, sus opciones son pocas: sus padres, sus amigos, sus profesores, el sistema educativo, el colegio o él mismo. Desde su perspectiva, la responsabilidad mayor suele recaer sobre los profesores.

"El profesor no sabe nada", "Mi maestra es una bruja", "Es un amargado que quiere que todo el curso pierda el año", "No la entiendo... No explica las cosas", "Siempre pregunta en los exámenes temas que no enseñó en clase", "Cree que lo único que tenemos que hacer es estudiar para su clase...", "No somos compatibles...", "Me tiene entre ojos... No soy de sus favoritos", "No sabe motivar a los alumnos".

¿Te resulta familiar alguna de esas excusas? ¿Todas?

Independientemente de cuál sea la excusa preferida por tus hijos, el resultado siempre es el mismo. Los sitúa a ellos en el papel de víctimas y a los profesores en el rol de villanos. De repente, su bajo rendimiento no se debe a sus pocas horas de estudio, a su falta de darles prioridad a las tareas, al demasiado tiempo que dedican a los videojuegos, a los amigos o a la televisión. Según ellos, el problema es la personalidad, nivel de preparación o temperamento del maestro.

¿Qué podemos hacer? Como padres, es importante estar involucrados en la educación de los hijos, saber quiénes son sus profesores, asegurarnos de que nuestros jóvenes sepan qué se espera de ellos en la escuela, cuáles son sus responsabilidades y cómo se medirán los resultados obtenidos. Una buena manera de hacer esto es asistiendo a las clases de orientación para padres al comienzo del año escolar.

Si a lo largo del año surge cualquier tipo de incompatibilidad entre ellos y sus maestros, es importarte ayudarles a entender que, a diferencia de sus amigos, a sus profesores no siempre tienen la opción de elegirlos. Nuestros hijos necesitan comprender que sus maestros no son perfectos, que tienen sus manías, problemas y hasta prejuicios. Finalmente, necesitan tener presente que existen diferentes métodos de enseñanza y que, por difícil que les parezca, no es imposible llevarse bien con cada profesor.

¿Cuál es la función del profesor? Creo que su mayor responsabilidad es facilitar el proceso de aprendizaje. Esto significa escuchar a los estudiantes, ayudarles a descubrir sus fortalezas al tiempo que los asisten en sobreponerse a sus debilidades. Más allá de las exigencias del curso deberían proveerles a sus alumnos un orden, una estructura y una metodología que les ofrezca la oportunidad de desarrollar sus talentos, lograr los objetivos del curso y aprender un sistema que les permita continuar formándose más allá de sus años de estudio. ¿Ocurre esto siempre? No, no siempre es así. La realidad es que hay profesores que, si bien cumplen con sus responsabilidades mínimas, muestran poco entusiasmo por sus materias, se jactan de haber suspendido a toda la clase y alardean de no aprenderse jamás los nombres de sus alumnos. Sin duda, muchos de ellos no debieran estar enseñando.

Pero aun así, es importante que los jóvenes sepan que, independientemente de todo lo anterior, (lo bueno, lo malo y lo feo) la responsabilidad principal de aprender es de ellos, y que el tipo de motivación que mejor resultado da es el que se origina en su interior.

No existen fórmulas mágicas que conviertan a un joven desmotivado en un estudiante comprometido. Aún así, como padres, hay mucho por hacer para ayudarlos. La clave está en inculcarles automotivación, autodisciplina, esfuerzo y autoconfianza.

Como con cualquier otra "vaca", la tarea de ayudarles a tus hijos a deshacerse de la excusa de "mi profesor no sabe motivarme" comienza con que tus hijos entiendan que ellos deben aceptar el 100% de la responsabilidad por su éxito. Esta, creo yo, es la mejor lección. Una que es más fácil ilustrar con el propio ejemplo que con los sermones.

3. "SÉ QUE ESTÁ MAL HACER ESTO, PERO... SOLO SE ES JOVEN UNA VEZ".

En cierta ocasión, hablando sobre algunas de las decisiones y conductas de su hijo, una madre me decía: "Me pregunto si alguna vez mi hijo piensa antes de hacer lo que hace... No sé dónde tiene el cerebro para actuar de manera tan irresponsable y no medir las consecuencias".

¿Te has hecho tú esta misma pregunta?

Pareciera que la famosa vaca de "solo se es joven una vez" fuera un permiso tácito para probar todo cuanto se les presenta. Hace algún tiempo, cuando yo escribía *La Vaca para jóvenes*, una jovencita de último año de secundaria a quien entrevisté para el libro me decía: "Entre mis compañeros de colegio se ve de todo: alcohol, tabaco, drogas, sexo... Sabes que es absurdo hacer lo que ellos quieren que hagas, pero llega un punto en el que parece imposible seguir diciendo que no".

¿A qué se debe que los adolescentes busquen experimentar con todo tipo de emociones y que no parezca importarles romper las reglas aun a costa de su propia seguridad? Porque déjame decirte, cuando ves las estadísticas de consumo de alcohol, cigarrillo y drogas, y los niveles de promiscuidad entre adolescentes, pareciera que ellos no solo creyeran que "solo se es joven una vez" sino que es "¡ahora o nunca!".

Todos sabemos que el cerebro de los adolescentes aún está en pleno desarrollo y que muchas de las transformaciones que sufre son afectadas por cambios hormonales que hacen que ellos sean más abiertos a experimentar nuevas emociones, a ser más impulsivos y a tomar decisiones sin medir los efectos de sus acciones.

No obstante, como lo han reportado numerosos estudios, no es que ellos no comprendan los riesgos asociados con dichos comportamientos, sino que encuentran más gratificante impresionar a sus amigos y retar las reglas establecidas. También es posible que crean que el llevar a cabo estas conductas peligrosas (exceso de alcohol, consumo de drogas, promiscuidad sexual) son una condición para ser parte del grupo y el deseo de aprobación los lleve a imitarlo.

Es simple, los jóvenes actúan como ven a los demás actuar. La opinión de sus amigos se les convierte en una consideración substancial que va más allá de cualquier consideración racional a la hora de tomar una decisión. Así no lo admitan de forma abierta, la presión de grupo ejerce una gran influencia sobre ellos. Y si a esto se le suma el hecho de que creen que nada les va a suceder, que lo malo les pasa a otros, no es raro que estén dispuestos a tomar más riesgos.

Entonces, ¿cómo ayudarles a nuestros hijos adolescentes a lidiar con esta etapa en que son más propensos a comportarse de manera impulsiva y en la que además corren el peligro de caer más fácilmente en depresiones y adicciones? Hay varios pasos que podemos tomar:

a. Es importante enseñarles a desarrollar una autoestima saludable y a que aprendan a valorarse. Muchos jóvenes, tanto hombres como mujeres, con una pobre autoestima tienden a iniciar relaciones sexuales a temprana edad porque tienen la necesidad de agradarles a otros y se sienten menos seguros a la hora de decirle no a su pareja.

b. Pese a lo difícil que pueda ser apartar a nuestros hijos de aquellas amistades que estén influyendo en ellos de manera negativa es importante no dejar de insistir en hacerlo. Es vital enseñarles a tomar sus propias decisiones, a cuidarse de los amigos que los incitan a probar alguna droga o actuar en contra de sus propias convicciones.

c. Algunos de los comportamientos peligrosos y autodestructivos que exhiben muchos jóvenes, como el uso del alcohol y las drogas, son salidas fáciles y rápidas para evadir los problemas que están enfrentando —decisiones que muchas veces terminan por convertirse en adicciones—. Es por esto que es tan importante la comunicación constante con ellos. Es esencial que sepan que, por más difícil que sea el problema, siempre podrán venir a nosotros y encontrarán apoyo y comprensión.

d. Los jóvenes han desarrollado un lenguaje que les ayuda a racionalizar sus comportamientos erróneos de manera que no se sientan tal mal con ellos mismos. Por eso utilizan expresiones como "esta es la única válvula de escape que tengo", "es solo para relajarme un poco y olvidar el estrés de la escuela", "es el único vicio que tengo, no veo por qué debo privarme de él", "esto no se puede considerar en realidad una droga; si hasta la venden en las farmacias", "la culpa es de Hollywood que le mete a uno esos vicios por los ojos; yo soy la víctima". Como padres, podemos ayudarles a reconocer lo peligroso de estas "vacas" premiando el buen comportamiento en lugar de centrarnos en los castigos por la conducta negativa.

4. "LO HAGO PORQUE NO QUIERO DEFRAUDAR A MIS PADRES".

Hace poco compartía en mi página de Facebook una anécdota de cuando fui profesor universitario. Fuera de enseñar en el último año en el Departamento de Química debía asesorar a los estudiantes que se graduaban y continuaban sus estudios en la Escuela de Medicina. En una ocasión llegó a mi oficina un estudiante a quien era obvio que no le entusiasmaba la idea de ser médico. Le pregunté si había cambiado de parecer, si había tenido demasiadas dificultades con sus estudios o si había descubierto una nueva vocación.

—La verdad, Dr. Cruz, nunca me gustó la idea de estudiar esa carrera —me dijo algo titubeante—. Verá usted, mi padre es médico y siempre quiso que yo siguiera sus pasos. Así que lo hago por no decepcionarlo.

—Si dependiera solo de ti, ¿qué te gustaría estudiar?, le pregunté.

—¡Música!— respondió con un entusiasmo que hizo brillar sus ojos. Luego prosiguió a decirme lo poco que lo atraía la medicina y lo mucho que lo hacía vibrar la música, particularmente el piano y el violín. Él se veía siendo parte del Departamento de Música de algún colegio o universidad o tocando en una orquesta.

Cuando lo escuché no pude más que pensar que, si él continuaba por el camino que iba, al final el resultado sería triste por partida doble: un médico regular y un músico frustrado.

Esta anécdota me hizo pensar en esta vaca de "no quiero defraudar a mis padres" —una vaca que había mantenido a este joven viviendo una mentira durante cuatro años—. Claro que esta es solo una de las muchas cosas que los jóvenes hacen por no decepcionar a sus padres. Con frecuencia pensamos que la razón por la cual nuestros hijos no son sinceros, ocultan lo que hacen, andan siempre con secretos o nos mienten es para salvarse de las consecuencias de sus actos, para evitar confrontaciones o escapar a nuestros sermones.

Creemos que es cuestión de rebeldía o simples deseos de llevar la contraria. Pero lo cierto es que, en muchas ocasiones, la razón de sus mentiras es, por lo menos en parte, el temor a no llenar las expectativas que nosotros como padres tenemos sobre ellos.

Si no siempre hablan con la verdad, no es porque sean mentirosos patológicos, sino por miedo a defraudarnos, a no convertirse en lo que creen que nosotros esperamos que ellos sean. Yo sé que no siempre nos parece así, pero a la gran mayoría de los jóvenes le preocupa contar con nuestro apoyo y aprobación. Y para quedar bien y no decepcionarnos, recurre a las medias verdades. Para ellos sus mentiras no son falsedades, sino maneras de lidiar con nuestra posible desaprobación.

La mentira y la negación son mecanismos de defensa que los jóvenes utilizan a veces para tratar de conservar intacta su relación con sus padres. "Así todos somos felices y estamos en paz". Además, "después de todos los sacrificios que ellos han hecho por darme todo lo que tengo, yo no soportaría defraudarlos". Estas excusas evidencian que nuestros hijos están dispuestos a hacerles frente a castigos, sermones, escarmientos y todo lo demás, pero les preocupa la posibilidad de decepcionarnos y hacer que dejemos de creer en ellos.

Ahora, no quiero dar la idea de que esta sea la única razón por la cual los jóvenes mienten. A veces la razón es su rebeldía, defenderse de un castigo o evitar una aburrida discusión con sus padres. Sin embargo, no podemos dejar pasar por alto el hecho de que, así creamos lo contrario, nuestros hijos valoran mucho nuestras opiniones. Ya hemos hablado de cuánto valoran la aprobación de sus amigos, pero si uno de sus muchos amigos no los aprueba, pueden ignorarlo ya que tienen otros amigos, pero tienen solo dos padres.

¿Qué hacer para ayudarles a matar esta vaca?

Lo primero es asegurarnos de que ellos sepan que nuestro amor no está condicionado a sus comportamientos, logros, ni decisiones. Muchos jóvenes, como seguramente sucedía con mi estudiante, terminan pensando que sus padres los aman cuando hacen lo que ellos quieren y actúan como ellos lo esperan. Tenemos que mostrarles nuestro amor y apoyo en todo momento, no solo cuando se desempeñan bien. Y si hay que corregirlos, censuremos y critiquemos sus acciones y no a ellos como personas. Una cosa es decirle a alguien que ha cometido una estupidez; otra muy distinta llamarlo estúpido.

Lo segundo es que examinemos qué condiciones hacen que nuestros hijos elijan decir la verdad u ocultarla. Sin duda, la más importante es la confianza, la relación de cercanía que hayamos construido al interior de la familia. Es importante que ellos sepan que no hay lugar más seguro que el hogar.

Finalmente, recordemos permitir que sean las aspiraciones y sueños de nuestros hijos los que los guíen, no los nuestros. Son ellos quienes toman la decisión de matar sus vacas. Cada uno de nuestros hijos es un mundo diferente, se desarrolla a un paso distinto, está motivado por metas diferentes y, como todo ser humano, lo que más busca es el inalienable derecho a ser feliz.

PLAN DE ACCIÓN

Como ves, nuestras excusas pueden crear grandes barreras entre nosotros y nuestros hijos. A continuación quiero invitarte a que identifiquemos las tres vacas (excusas, pretextos, creencias, mentiras, evasivas, razones) que con seguridad nosotros mismos hemos utilizado para justificar el no estar más involucrados en la vida de nuestros hijos. Escribamos también una acción específica que nos permita deshacernos de cada una de estas vacas de una vez por todas. Recordemos que debemos ser la fuente de mayor motivación para nuestros hijos, así que no dejemos que nuestro compromiso se quede solo en buenas intenciones. ¡Actuemos!

Vaca # 1:

_____

_____

Solución:

_____

_____

Vaca # 2:

_____

_____

Solución:

_____

_____

Vaca # 3:

_____

_____

Solución:

_____

_____

"Todo lo que he logrado en mi vida se lo debo a la actitud de matar pronto todas las vacas que pretendían detenerme. Soy argentina; cuando llegué a la ciudad proveniente de una provincia, escuché un sinnúmero de pretextos que pintaban un panorama oscuro y temible: 'Vivir en Buenos Aires no es tan fácil como vivir en un pueblo', 'Conseguir trabajo es muy difícil', 'Es casi imposible estudiar y trabajar al tiempo' y una tras otra, maté todas estas vacas. Luego decidí salir del país y tuve que lidiar con todas las vacas que implicaba el hecho de ser inmigrante y perder casi todo lo que tenía, pero lo logré. Hoy soy la madre de dos hijas exitosas y he logrado nuevamente triunfar con mi propia empresa. Me siento muy identificada con *La Vaca* y sé que el matar nuestras vacas nunca termina".

—Adriana Pedroza, Ciudad de Panamá, Panamá

EPÍLOGO

¿Cuál es el resultado de vivir libre de vacas? Si le preguntaras a Galileo Galilei, uno de los más reconocidos científicos de todos los tiempos, seguramente él te respondería: "Una vida donde reina la verdad". Si nuestras vacas no son reales, si no son ciertas, como hemos visto una y otra vez a lo largo del libro, vivir bajo su dominio es permitir que una mentira gobierne nuestra existencia.

De la misma manera que muchos de nosotros hemos debido sufrir las consecuencias de cargar con vacas que nos han sido obsequiadas, Galileo también debió enfrentar sus propios retos. En su búsqueda por la verdad y su deseo por erradicar la ignorancia imperante, Galileo se puso en la tarea de eliminar una de las "vacas sagradas" de su época. Todo comenzó en sus años de escuela, donde discutía con todos: con sus profesores, con otros estudiantes, con los mismos autores de los libros que leía y, sobre todo, con Aristóteles, el gran filósofo griego quien había muerto casi dos mil años antes.

¿La razón? En esos dos milenios muy poco había cambiado en el campo de la ciencia. Una de las causas de esta falta de progreso y avance era, precisamente, que las teorías de Aristóteles sobre la naturaleza seguían siendo los únicos puntos de vista aceptados en la comunidad científica de aquel tiempo.

Todo apuntaba a que Aristóteles era el único poseedor de la verdad; estaba correcto en todo y ninguno dudaba de la validez de sus teorías. No era necesario realizar experimentos para confirmarlas puesto que ellas hablaban por sí mismas.

Por su parte, Galileo pensaba que admitir ciegamente las teorías aristotélicas era una vaca demasiado difícil de digerir.

Cerca de 1590, mientras enseñaba en la Universidad de Pisa, Galileo decidió probar una de las teorías de Aristóteles —en otras palabras, decidió matar una vaca sagrada—. Él amaba comprobar cualquier hipótesis. Después de todo, esa es la única manera en que las teorías se convierten en leyes. Pero más aún, Galileo quería demostrarles a sus estudiantes y a sus colegas que las proposiciones de Aristóteles no eran del todo infalibles, y para comprobarlo escogió una de sus teorías más conocidas.

Aristóteles había aseverado que si dejamos caer al mismo tiempo un objeto de diez libras de peso y uno de una libra, el objeto de diez libras caería diez veces más rápido que el de una libra. Durante dieciocho siglos todo el mundo había aceptado esta teoría sin corroborar su validez. Galileo tenía otra opinión al respecto e iba a demostrar que él estaba en lo cierto así que hizo un anuncio frente a sus estudiantes: "Dos objetos que comienzan a caer al mismo tiempo llegarán al suelo al mismo tiempo, sin importar su peso". Cualquier curioso interesado en descubrir cuál era la verdad estaba invitado a apreciar con sus propios ojos los resultados de esta prueba a la mañana siguiente.

A la hora indicada, sus estudiantes, junto con algunos de sus colegas y un grupo de curiosos ciudadanos seguían al científico a medida que se dirigía a la Torre de Pisa. Una vez allí, Galileo subió hasta el último piso con una pesa de diez libras en una mano y otra de una libra en la otra. Abajo, el mundo esperaba con enorme ansiedad.

¿Quién saldría victorioso, el sabio filósofo griego o el joven rebelde de Pisa? Murmullos y opiniones se dispersaban entre los concurrentes —una reacción típica siempre que alguien resuelve matar una vaca—. "¡Con seguridad que Galileo fracasará!", "¡Ese muchacho está loco!", "¡¿Quién sabe más que Aristóteles?!"

Galileo se acercó al borde del techo; la multitud dio un paso hacia atrás. El joven científico estiró los brazos, en cada mano una de las pesas; luego, dio una última mirada a la multitud y soltó las dos pesas al mismo tiempo. Los dos objetos cayeron con vertiginosa rapidez por el aire y chocaron contra el piso... ¡exactamente al mismo tiempo! En unos cuantos segundos, dos mil años de ignorancia fueron erradicados por la verdad. Una nueva era de pensamiento científico había comenzado.

¿Qué sucede cuando decides deshacerte de tus propias vacas? Mucho me temo que tendrás que descubrirlo por ti mismo —de la misma manera que Galileo debió hacerlo. Sin embargo, te prometo que tu vida nunca será la misma. Cuando matas tus vacas aceptas la total responsabilidad por tu éxito y te conviertes en el arquitecto de tu propio destino.

Querer triunfar, tener buenas intenciones y contar con grandes sueños no son los únicos componentes del éxito. Por cada gran idea que cambió la Historia de la Humanidad miles de ideas nunca se materializaron porque aquellos que las concibieron, y quizás desarrollaron un plan para lograrlas, nunca las pusieron en práctica. Esa fue su vaca: ¡la falta de acción!

Así que ¡echa a rodar tus planes! El escritor John Mason dice: "Todos nos estamos moviendo constantemente, ya sean hacia delante, hacia atrás o en una cinta sin fin. El peor error que muchos cometemos es creer que el objetivo de la vida es mantenernos en movimiento". Mason tiene razón, el objetivo no es simplemente estar ocupados, sino asegurarnos de que nuestras acciones nos estén conduciendo en dirección a las metas y sueños que nos hayamos propuesto.

Si has realizado todos los pasos descritos en el libro, frente a ti tienes un plan que te permitirá deshacerte de todas las creencias limitantes que te han detenido de utilizar tu verdadero potencial. Lo único que necesitas hacer ahora es poner a trabajar tu plan.

No te detengas a pensar en todos los problemas que surgirán. Muchas personas planean y ensayan su propio fracaso al malgastar una gran cantidad de tiempo presagiando lo peor. Los grandes triunfadores aceptan los riesgos que, por lo general, acompañan la búsqueda del éxito. Ese valor, ese arrojo, ese entendimiento de que todo gran sueño demanda acción inmediata es lo que diferencia al ganador del perdedor.

En el juego de la vida, o eres jugador o eres espectador. Los triunfadores son más que simples participantes porque están comprometidos por entero con sus objetivos. Ellos no buscan excusas porque saben que estas nada solucionan. Cualquiera que sea tu vaca, solo existe una manera de deshacerte de ella: ¡la acción!

No permitas que la vida te pase de largo, libérate de tus vacas y cuídate de no engrosar las filas de aquellos que, en las postrimerías de su existencia, lo único que podrán recordar con remordimiento y tristeza serán todas las oportunidades perdidas.

En cierta ocasión escuché la definición de la palabra infierno y debo confesar que fue todo lo que necesité para saber que precisaba actuar de manera inmediata. Decía así: "Infierno es llegar al final de nuestros días y encontrarnos cara a cara con la persona en la cual pudimos habernos convertido". ¡Imagínate eso!

Así que hazle frente a todo nuevo reto. Desafía las normas convencionales. Rompe las reglas del juego. Las preocupaciones, los temores, los miedos y las dudas no son más que vacas que tratan de robarte tus sueños y mantenerte atado a una existencia mediocre. Recuerda que el enemigo del éxito no es el fracaso sino el conformismo.

En mi libro *Los genios no nacen, se hacen* cito un pensamiento de William James, quien es considerado el Padre de la Sicología en Estados Unidos. James dice —seguramente refiriéndose a las vacas:

"Casi todos los seres humanos sienten como si una nube pesara sobre ellos, manteniéndolos siempre por debajo de su nivel óptimo en cuanto a su claridad de pensamiento o a la firmeza en el momento de tomar decisiones". Además, anotaba que, "comparado con lo que podríamos ser, es como si solo estuviésemos medio despiertos".

Lo que podemos alcanzar es extraordinario, lo que generalmente obtenemos es vergonzoso, no porque haya algo mal con nuestra mente o no contemos con el talento necesario, sino porque hemos permitido que las limitaciones, las falsas creencias y otro sinnúmero de vacas trunquen nuestro verdadero potencial.

Así que te invito a que aceptes el reto de llevar una vida libre de vacas, donde todo sueño sea posible y tus únicos límites sean aquellos que tú mismo te impongas.

Para aprender más sobre el libro *La Vaca* o sobre el Dr. Camilo Cruz visita:

www.camilocruz.com

BIBLIOGRAFÍA

◆ R. Bannister. 2004. The Four-Minute Mile. Edición 50 aniversario. Guilford, Connecticut: Lyons Press.

◆ W. James. 1988. Writings 1902–1910: The Varieties of Religious Experience, Pragmatism, a Pluralistic Universe, the Meaning of Truth, Some Problems of Philosophy, Essays. New York: Library of America.

◆ C. Rose y M. J. Nicholl. 1997. Aprendizaje acelerado para el siglo XXI

◆ T. J. Stanley y W. Danko. 1998. El Millonario de al lado. Buenos Aires.

◆ L. Kamen-Siegel, J. Rodin, M.E.P. Seligman, and J. Dwyer. 1991. "Explanatory Style and Cell-Mediated Immunity in Elderly Men and Women." Health Psychology 10 (4): 229–35.

◆ J. L. Mason. 1990. An Enemy Called Average: 100 Inspirational Nuggets for Your Personal Success.

◆ E. Nightingale. Sitio web oficial: www.earlnightingale.com.

◆ C. Peterson, M.E.P. Seligman, and G. E. Vaillant. 1988. "Pessimistic Explanatory Style Is a Risk Factor for Physical Illness: A Thirty-Five-Year Longitudinal Study." Journal of Personality and Social Psychology 55 (1): 23–27.

◆ C. R. Snyder, PhD, et al. 2005. Excuses: Masquerades in Search of Grace.

◆ C. R. Snyder, PhD. 2002. "Making Excuses." Disponible en la Internet: (www.essortment.com/all/makingexcuses_ruud.htm).

◆ B. Tracy. "Success in Life!" Blog. Disponible en la Internet

◆ (http://elearning power.com/blog).

SOBRE EL DR. CAMILO CRUZ

El Dr. Camilo Cruz, autor galardonado y best seller internacional de más de 34 obras, es uno de los conferencistas latinos de mayor demanda en Estados Unidos, Europa y Latinoamérica. Su dinamismo y versatilidad y su estilo altamente informativo y humorístico a la vez, lo han convertido en un orador de gran aceptación en múltiples audiencias. Durante más de dos décadas ha sido considerado en muchos círculos empresariales en los Estados Unidos, Europa y Latinoamérica, como uno de los más altos exponentes en el campo del desarrollo personal, la excelencia empresarial y el liderazgo.

Sus logros son un ejemplo del espíritu emprendedor que él comparte en sus seminarios. El hijo mayor de una pareja de maestros de escuela primaria, Camilo emigró a los Estados Unidos en busca del Sueño Americano; lo logró, y ahora comparte con sus lectores estrategias que les ayuden a lograr sus metas. Posee un Doctorado en Ciencias de la Universidad Seton Hall, una Maestría en Escrituras Creativas de la Universidad Nacional de Colombia, y es graduado del Programa de Responsabilidad Corporativa de la Escuela de Negocios de la Universidad de Harvard. El Dr. Cruz se ha desempeñado como catedrático en varias universidades en los Estados Unidos, donde ha enseñado física cuántica, termodinámica, química y matemáticas.

Ya sea a través de talleres del liderazgo que ofrece para grupos de un par de cientos de asistentes o mega eventos motivacionales atendidos por más de veinte mil personas, el Dr. Cruz ha entrenado y capacitado a líderes a todo nivel: desde ejecutivos de compañías del grupo *Fortune 500* hasta educadores, emprendedores de la industria de la venta directa y el Network Marketing, estudiantes y líderes empresariales. Entre quienes se han beneficiado de sus enseñanzas se encuentran personas de empresas como Goodyear, AT&T, Telmex, Walmart y Coca Cola, líderes de cámaras de comercio, instituciones educativas y asociaciones profesionales en Estados Unidos, Europa y Latinoamérica.

Como escritor, el Dr. Cruz se destaca con más de 34 libros y audiolibros, bestsellers internacionales con más de dos millones de lectores alrededor del mundo en los quince idiomas a los cuales ha sido traducido. Su libro *La vaca* recibió el Latino Book Award y el Business Book Award al mejor libro de desarrollo personal en español. Sus artículos y reseñas han sido publicados en algunos de los más importantes periódicos y revistas de Estados Unidos y Latinoamérica, entre ellos: La Opinión de Los Ángeles, El Diario La Prensa de Nueva York, El Tiempo, América Economía y la Revista Fortuna. Es invitado con frecuencia a un gran número de programas de radio y televisión en las cadenas CNN, NBC, Univisión, FOX, Telemundo, Frecuencia Latina, TV Azteca, RCN y Caracol Internacional, donde comparte su filosofía sobre cómo alcanzar el éxito.